Arnold Edward Ortmann

Die Decapoden-Krebse des Strassburger Museums

Arnold Edward Ortmann

Die Decapoden-Krebse des Strassburger Museums

ISBN/EAN: 9783744700283

Hergestellt in Europa, USA, Kanada, Australien, Japan

Cover: Foto ©ninafisch / pixelio.de

Weitere Bücher finden Sie auf **www.hansebooks.com**

Nachdruck verboten.
Uebersetzungsrecht vorbehalten.

Die Decapoden-Krebse des Strassburger Museums,

mit besonderer Berücksichtigung der von Herrn Dr. DÖDERLEIN bei Japan und bei den Liu-Kiu-Inseln gesammelten und zur Zeit im Strassburger Museum aufbewahrten Formen.

Von

Dr. **A. Ortmann** in Strassburg i. E.

VII. Theil.

Abtheilung: **Brachyura** (Brachyura genuina BOAS) II.
.Unterabtheilung: **Cancroidea**, 2. Section: **Cancrinea**, 1. Gruppe: *Cyclometopa*.

Hierzu Tafel 17.

Im 6. Theil (Bd. 7, Heft 1, p. 26) habe ich folgende Eintheilung der Abtheilung Brachyura gegeben:
1. Unterabtheilung: Majoidea.
2. Unterabtheilung: Cancroidea.
   1. Section: Portuninea.
   2. Section: Cancrinea.

Hiervon ist jetzt noch die 2. Section der 2. Unterabtheilung, Cancrinea, zu behandeln.

Ich theile die Cancrinea zunächst in zwei Gruppen:

1. Gruppe: **Cyclometopa** M. E.

Orificien der ♂ stets in den Coxen der 5. Pereiopoden.

2. Gruppe: **Catametopa** M. E.

Orificien der ♂ entweder in den Coxen der 5. Pereiopoden, dann aber das Vas deferens in einer Kerbe oder einem Einschnitt des Sternums gelegen, oder die Orificien gänzlich im Sternum liegend.

VII.

Diese Bildung der ♂ Orificien bei den Catametopen bezeichnet einen wesentlichen Fortschritt, wohl den bedeutendsten, den man in der ganzen Abtheilung der Brachyuren findet. Es entwickeln sich die Catametopen aus einer ganz bestimmten Gruppe der Cyclometopen. Auch hier giebt es gewisse Uebergangsformen, die eine scharfe Trennung der primitivsten Catametopen von den Cyclometopen sehr schwierig machen: die nähern Beziehungen zu andern Formen, die unzweifelhaft zu der einen oder andern dieser Gruppen gehören, haben vielfach hier bei der systematischen Anordnung den Ausschlag gegeben (vgl. *Panopaeus* und *Eurytium*).

Cyclometopa M. E. (emend.).

1. Untergruppe: Parthenopini.

1. Stirn mit gut entwickeltem, dreieckigem oder median getheiltem Rostrum (Tafel 17, Fig. 1a und 3).

2. Cephalothorax nicht rundlich sondern dreieckig, elliptisch, rhombisch oder subpentagonal, ohne scharf geschiedenen gezähnten Vorderseitenrand und ungezähnten Hinterseitenrand.

3. Innere Antennen longitudinal oder schräg (Taf. 17, Fig. 1a u. 3).

4. Aeussere Antennen in die schmale innere Orbitaspalte eingeklemmt (Taf. 17, Fig. 1a u. 3).

2. Untergruppe: Cancrini.

1. Stirn mit rudimentärem Rostrum, dasselbe ist mehrzähnig und die Zähne sind unpaar (ein mittlerer vorhanden).

2. Cephalothorax gerundet oder verbreitert, ein gezähnter Vorderseitenrand vom ungezähnten Hinterseitenrand gut unterscheidbar.

3. Innere Antennen longitudinal oder schräg.

4. Epistom gegen das Mundfeld nur undeutlich begrenzt.

Das unpaar gezähnte Rostrum und die Gestalt des Cephalothorax unterscheidet diese Untergruppe von den Parthenopini mit einfach-dreieckigem Rostrum.

3. Untergruppe: Xanthini.

1. Stirn ohne Rostrum oder (selten) mit rudimentärem, zweitheiligem Rostrum. Stirnrand meist breit, ganzrandig oder zweitheilig (auch bei ganzrandiger Stirn meist eine mittlere Kerbe oder Bucht angedeutet).

2. Cephalothorax entweder wie bei den Cancrini oder fast 4seitig, indem die Vorderseitenränder reducirt werden.

3. Innere Antennen schräg oder transversal.
4. Epistom gegen das Mundfeld meist deutlich begrenzt.

Parthenopini.

Die meisten hierher gestellten Formen wurden bisher zu den Oxyrhyncha (Majoidea) gerechnet. Ich bin mir über ihre Stellung nicht recht klar geworden: jedenfalls konnte ich zu den Majoidea keine nähern Beziehungen herausfinden. Alle hierher gerechneten Gattungen, die mir bekannt sind, zeigen in der Bildung von Orbita und Antennen Anklänge an den Cancridea-Typus, die Gestaltung des Cephalothorax ist meist aber so eigentümlich, dass ich zu keiner speciellern Gruppe Beziehungen constatiren konnte.

MIERS (in: Journ. Linn. Soc. London, Zool., vol. 14, 1879) hat eine Uebersicht der hierher gehörigen Formen gegeben. Ich nehme seine beiden Subfamilien als Familien an (*Parthenopidae* und *Eumedonidae*) und füge an diese zwei weitere Familien an, die ich sonst nicht unterzubringen weiss: *Trichiidae* und *Cheiragonidae*. Die *Trichiidae* (Gatt. *Trichia*) gehören vielleicht in die Verwandtschaft der *Parthenopidae*, die *Cheiragonidae* (Gatt. *Cheiragonus*) zeigen so viel eigenthümliche Merkmale, dass ihre Stellung ganz problematisch ist.

Familie *Parthenopidae* MIERS (restrict.).

Gattung: *Lambrus* LEACH.

A. MILNE-EDWARDS (Miss. Mexique, 1881, p. 146 ff.) hat diese Gattung in eine Reihe von Gattungen getheilt, die ich mich nicht entschliessen kann anzunehmen, da die Unterschiede zu wenig präcis sind. Selbst als Untergattungen können nicht alle derselben bestehen bleiben. Der Canal auf der Pterygostomialregion, der für A. MILNE-EDWARDS einen bedeutenden Werth besitzt, ist überall vorhanden, bald nur angedeutet, bald scharf begrenzt. Schon MIERS (Chall. Brach. 1886, p. 92) hat einen Theil dieser Gattungen als ungenügend charakterisirt bezeichnet, und ich folge ihm im Wesentlichen.

Untergattung: *Lambrus* MIERS (= *Lambrus*, *Platylambrus*, *Rhinolambrus* A. M. E.).

1. *Lambrus angulifrons* (LATREILLE).

MILNE-EDWARDS. H. N. Cr., T. 1, 1834, p. 355.
HELLER, Crust. südl. Europ. 1863, p. 57.
CARUS, Prodr. faun. medit., vol. 1, 1884, p. 510.

VII.

a) 1 ♂, ohne Fundort. — (tr.).
b) 1 juv., Messina. — O. Schmidt (coll.) U. S. (tr.).
c) 2 ♂, 1 ♀, Neapel. — Götte (coll.) U. S. (tr. u. Sp.).

Verbreitung: Mittelmeer (M.-E., Heller, Carus); Adria (Heller, Stossich).

2. *Lambrus pelagicus* Rüppell.

L. pelagicus Rüppell, 24 Krabb. Roth. Meer., 1830, p. 15, tab. 4, fig. 1.
Milne-Edwards, H. N. Cr., T. 1, 1834, p. 355.
L. affinis A. Milne-Edwards, in: Nouv. Arch. Mus. H. N. Paris, T. 8, 1872, p. 261, tab. 14, fig. 4.
Haswell, Catal. Austral. Crust. 1882, p. 34.
Miers, Chall. Brach. 1886, p. 95.

a) 2 ♂, 1 ♀, ohne Fundort. — 1847 (tr.).
b) 1 ♂, 1 ♀, Samoa-Ins., Upolu. — Mus. Godeffroy (vend.) 1888 (Sp.).
c) 1 ♂, Philippinen, Cebu. — G. Schneider (vend.) 1888 (Sp.).

Verbreitung: Rothes Meer (Rüpp.); Zanzibar (Miers)[1]); Seychellen (A. M. E.); Ceylon: Trincomali (Müller); Singapur (Miers); Ins. Pulo Condore (A. M.-E.); Cochinchina (A. M.-E.); Philippinen (Miers), Cebu (Thallwitz); Nord-Australien: Port Darwin (Hasw.), Torres-Strasse (Chall.); Neu-Caledonien (A. M.-E.).

3. *Lambrus intermedius* Miers.

in: Proceed. Zool. Soc. London, 1879, p. 29.
Chall. Brach. 1886, p. 96, tab. 10, fig .4.

a) 1 ♂, Japan, Kadsiyama. — Döderlein (coll.) 1880 (Sp.).

Verbreitung: Korea-See (Miers); Torres-Strasse, 6 Fad. (Chall.).

4. *Lambrus macrocheles* (Herbst).

L. mediterraneus Rx., Heller, Crust. südl. Europa, 1863, p. 58.
Studer, in: Abh. Königl. Akad. Wiss. Berlin, 1882, p. 9.
Carus, Prodr. faun. medit., vol. 1, 1884, p. 511.

a) 1 ♂, Mittelmeer. — (tr.).

Verbreitung: Mittelmeer (Heller, Carus); W.-Afrika: Liberia, 49 Fad. (Studer).

5. *Lambrus validus* de Haan.

Parthenope (*Lambrus*) *valida* de Haan, Faun. japon. 1850, p. 90, tab. 21, fig. 1, tab. 22, fig. 1.

---

1) in: Ann. Mag. N. H. (5), vol. 4, 1879, p. 21.

Lambr. valid. ADAMS et WHITE, Zool. Voy. Samarang, 1850, p. 29.
BLEEKER, in: Act. Soc. Indo-Néerl. Batavia, vol. 2, 1857, p. 17.

a) 2 ♂, Japan, Tokiobai. — DÖDERLEIN (coll.) 1880—81 (tr.).
b) 1 ♀, Japan, Sagamibai. — DÖDERLEIN (coll.) 1881 (tr.).

Verbreitung: Ostküste Japans (DE HAAN); Sumatra: Padang (BLEEKER).

6. *Lambrus laciniatus* DE HAAN.

Parthenope (*Lambrus*) *laciniatus* DE HAAN, Faun. japon. 1850, p. 91, tab. 22, fig. 2, 3.
Lambrus lacin. ADAMS et WHITE, Zool. Voy. Samarang, 1850, p. 29.
MIERS, in: Ann. Mag. N. H. (5), vol. 5, 1880, p. 230.

a) 1 ♀, ohne Fundort. — LORMIER (ded.) 1869 (tr.).
b) 2 ♂, 1 ♀, Japan, Tokiobai. — DÖDERLEIN (coll.) 1880—81 (tr.).
c) 2 ♂, Japan, Tanagava. — DÖDERLEIN (coll.) 1881 (Sp.).
d) 1 ♀, Samoa-Ins. — PÖHL (vend.) 1890 (Sp.).

Verbreitung: Japan (DE HAAN); Hongkong, 5—20 Fad. (STIMPSON); Singapur (WALKER).

7. *Lambrus serratus* MILNE-EDWARDS.

L. serratus MILNE-EDWARDS, H. N. Cr., T. 1, 1834, p. 357.
L. crenulatus SAUSSURE, in: Mém. Soc. Phys. Hist. Nat. Genève, T. 14, 2, 1858, p. 429, tab. 1, fig. 4.
v. MARTENS, in: Arch. f. Naturg., Jg. 38, Bd. 1, 1872, p. 85.
Platylambrus serratus (M. E.) KINGSLEY, in: Proceed. Acad. Nat. Sc. Philadelphia, 1879, p. 390.
A. MILNE-EDWARDS, Miss. Mexique, 1881, p. 156, tab. 30, fig. 1.
L. serratus (M. E.) MIERS, Chall. Brach. 1886, p. 97.

L. serratus ADAMS et WHITE (Samarang, 1850, p. 30) gehört nicht hierher, sondern als *var.* zu *L. hoplonotus* (vgl. MIERS, in: Ann. Mag. N. H. (5), vol. 4, 1879, p. 23).

a) 1 ♂, 1 ♀, ohne Fundort. — LORMIER (ded.) 1869 (tr.).

Verbreitung: Florida: Charlotte Harbor (KINGSLEY), Loggerhead Key und Tortugas (STIMPSON); Antillen (SAUSSURE), Cuba (v. MART.), Flannegan-Passage, 27 Fad. (A. M.-E.), Sombrero (A. M.-E.), Guadeloupe (A. M.-E.); Mexico: Vera Cruz (A. M.-E.); Brasilien: Bahia (Chall.).

Untergattung: *Aulacolambrus* A. M.-E.

8. *Lambrus (Aulacolambrus) diacanthus* DE HAAN.

Parthenope (Lambrus) diacantha DE HAAN, Faun. japon. 1850, p. 92, tab. 23, fig. 1.
Lambrus diacanthus D. H., ADAMS et WHITE, Voy. Samarang, 1850, p. 30.
a) 1 ♂, Japan, Kadsiyama. — DÖDERLEIN (coll.) 1880 (Sp.).
Verbreitung: Japan (DE HAAN).

Untergattung: *Parthenopoides* MIERS.

9. *Lambrus (Parthenopoides) pteromerus* n. sp.
Taf. 17, Fig. 1.

Cephalothorax dreiseitig, bedeutend breiter als lang. Rostrum dreieckig, an der Basis jederseits mit einem kurzen Zahn. Oberfläche des Cephalothorax mit drei Wülsten: der mittlere von der Gastricalgegend bis zur hintern Cardiacalgegend reichend, zwischen den Augen mit einer Längsgrube, hinter dieser drei Höcker, die zwei vordern davon neben einander; darauf folgen auf der Cardiacalgegend noch zwei Höcker, der hintere grösser. Die seitlichen Wülste auf den Branchialgegenden mit je einem stumpfen Höcker. Sonst sind keine Höcker vorhanden, die Wülste sind grubig punktirt. Antero-lateralrand mit einer Anzahl unregelmässiger, gezähnelter, flacher Dornen. Der Seitendorn breit und flach, hinter ihm biegt die Postero-lateralkante etwas nach oben und endigt bald, ohne sich mit dem Hinterrand zu vereinigen. Hinterrand mit einigen kleinen Zähnen.

Parallel mit dem Antero-lateralrand läuft eine scharfe Pterygostomialkante.

Erste Pereiopoden lang. Merus vorn mit einer unregelmässig dornig-gezähnten Kante, hinten gerundet, nur am proximalen Ende mit einigen kräftigen Dornen, die jedoch keine Kante bilden. Carpus fast glatt. Hand dreikantig, die Flächen fast glatt, die vordere und die obere Kante unregelmässig gezähnt, mit grössern und kleinern Dornen besetzt, die hintere Kante mit einigen grössern Granulationen.

Meren der hintern Pereiopoden kantig-geflügelt und zwar die drei hintern deutlich dreikantig, die zweiten nur oben und unten mit Kante. Carpus am Oberrand geflügelt, Propodus am Ober- und Unterrand. Die hintere untere Kante des Merus der beiden letzten Beine ist etwas lappig gebuchtet.

Aeussere Antennen wie bei *Parthenope*: das zweite Glied länger als das dritte, bis zur Höhe der innern untern Ecke der Orbita reichend.

In der Bildung der äussern Antennen und in der Gestalt des Cephalothorax zur Gattung *Parthenope* überleitend. Wegen der dreikantigen Palma und der geringen Sculptur des Cephalothorax aber noch zu *Lambrus* zu rechnen.

a) 1 ♂, Japan, Sagamibai, 120 Fad. — DÖDERLEIN (coll.) 1881 (Sp.).

Gattung: *Parthenope* FABRICIUS.

1. *Parthenope horrida* (LINNÉ).

MILNE-EDWARDS, H. N. Cr., T. 1, 1834, p. 360.
MILNE-EDWARDS, Atl. CUVIER Regn. anim. 1849, tab. 26, fig. 2.
A. MILNE-EDWARDS, in: Nouv. Arch. Mus. H. N. Paris, T. 8, 1872, p. 255.

a) 2 ♂, Indischer Ocean. — Cab. HERMANN (tr.).
b) 1 ♂, Indischer Ocean. — 1847 (tr.).
c) 1 ♀, Réunion. — Mus. Réunion (ded.) 1869 (tr.).
d) 1 ♂, Samoa-Ins. — Museum GODEFFROY (vend.) 1888 (Sp.).

var.: spinosissima A. M.-E.

a) 1 ♀, Réunion. — Mus. Réunion (ded.) 1869 (tr.).

Verbreitung: Mauritius (A. M.-E.); Ceylon: Trincomali (MÜLLER); Celebes (THALLWITZ); Philippinen: Luzon (THALLWITZ); Molukken (BLEEKER); Neu-Caledonien (A. M.-E.); Sandwich-Ins. (RANDALL).

Gattung: *Heterocrypta* STIMPSON.

1. *Heterocrypta maltzani* MIERS.

H. maltzani MIERS, in: Ann. Mag. N. H. (5), vol. 8, 1881, p. 209, tab. 13, fig. 1.
H. marionis A. MILNE-EDWARDS, in: Compt. Rend. Acad. Sc. Paris, T. 93, 1881, p. 879.
A. MILNE-EDWARDS, in: Ann. Mag. N. H. (5), vol. 9, 1882, p. 38.
H. maltzani MIERS, Chall. Brach. 1886, p. 103.

a) 1 ♂, Senegambien. — Linnaea (vend.) 1885 (Sp.).

Verbreitung: Senegambien (MIERS); Azoren, 50—450 Fad. (Chall.); Bai von Toulon, 455 m (A. M.-E.)

2. *Heterocrypta transitans* n. sp. (Taf. 17, Fig. 2).

Cephalothorax fünfseitig. Seitentheile verbreitert, die Pereiopoden völlig verdeckend. Verbreiterung des Hinterrandes bedeutend schwächer als bei *Cryptopodia*. Rostrum stumpf-dreieckig. Vorderseitenrand eingeschnitten-gezähnt, Zähne nach hinten grösser werdend. Hinter-Seitenrand zuerst gerade nach hinten gerichtet, dann fast rechtwinklig umgebogen und ununterbrochen in den Hinterrand übergehend, schwach gezähnt. Oberfläche des Cephalothorax zwischen den Augen seicht vertieft, die Vertiefung von zwei Kielen begrenzt, die auf der Gastricalgegend zusammenstossen. Von da aus erstreckt sich über die Branchialgegenden je ein scharfer Kiel, der in der Mitte einen spitzen Dorn trägt. Ein ebensolcher Dorn steht auf der Cardiacalgegend. Die Dornen der Branchialgegenden sind von kleinen Höckern umgeben.

Unterseite der ersten Pereiopoden mit flachen Granulationen. Vorder- und Hinterkante des Merus mit unregelmässigen flachen Zähnen besetzt, aber ohne flügelartige Verbreiterung am distalen Theil der Hinterkante. Hand dreikantig. Obere und Aussenkante mit unregelmässigen Zähnen. Innenkante stumpf granulirt. Scheeren etwas ungleich: die rechte ist gegen die Finger etwas geschwollen.

Hintere Pereiopoden comprimirt und oben flügelartig gekielt. Meren unterseits mit zwei zerrissen-gezähnten Kanten.

Pterygostomialkante deutlich, jedoch schwächer als bei *H. maltzani*.

Diese Art ist eine vollkommene Vermittelungsform zwischen den Gattungen *Heterocrypta* und *Cryptopodia*. Nach der Diagnose bei MIERS (l. c.) gehört sie zu *Heterocrypta*, da eine Pterygostomialkante vorhanden ist. Die ziemlich gut entwickelte hintere Ausbreitung des Cephalothorax (die jedoch geringer ist als bei *Cryptopodia fornicata*) und die starke seitliche Ausbreitung nähert sie ganz auffällig der Gattung *Cryptopodia*.

Charakteristisch für diese Art sind die drei spitzen Dornen auf dem Cephalothorax. Die äussere Körpergestalt ist der von *Cryptopodia angulata* M.-E. et LUC. (in: Arch. Mus. H. N., T. 2, 1841, p. 481, tab. 28, fig. 16—19) sehr ähnlich.

a) 2 ♂, Japan, Sagamibai, 50—100 Fad. — DÖDERLEIN (coll.) 1881 (Sp.).

Gattung: **Cryptopodia** MILNE-EDWARDS.

1. *Cryptopodia fornicata* (FABRICIUS).

Cr. fornicata (FABR.) MILNE-EDWARDS, H. N. Cr., T. 1, 1834, p. 362.
Parthenope (*Crypt.*) *fornicata* DE HAAN, Faun. japon. 1850, p. 90, tab. 20, fig. 2.
Crypt. fornic. GIBBES, in: Proceed. Americ. Assoc. 1850, p. 173.
ADAMS et WHITE, Zool. Voy. Samarang, 1850, p. 32, tab. 6, fig. 4.
DANA, U. S. Expl. Exp. 1852, p. 140.
HASWELL, Catal. Austral. Crust., 1882, p. 37.
MIERS, Chall. Brach. 1886, p. 102.

Bei meinem Exemplar sind nur am 2. Beinpaar die flügelartigen Kiele des Merus schwach gezähnelt.

a) 1 ♀, Japan, Sagamibai. — DÖDERLEIN (coll.) 1881 (tr.).
Verbreitung: China (DE HAAN, AD. WH.), Hongkong (STIMPSON); Singapur (DANA, WALKER); Arafura-See, 28 Fad. (Chall.); Australien: Brook-Ins., Cap Grenville, Port Denison (HASWELL).

Familie: *Eumedonidae nov. fam.* = *Eumedoninae* MIERS.

Gattung: *Zebrida* WHITE.

1. *Zebrida adamsi* WHITE (Taf. 17, Fig. 3).

WHITE, in: Proceed. Zool. Soc. London, 1847, p. 121.
ADAMS et WHITE, Zool. Voy. Samarang, 1850, p. 24, tab. 7, fig. 1.

Nur bei einem meiner Exemplare ist die charakteristische Färbung noch zu erkennen. Nach Herrn Dr. DÖDERLEIN's Notizen wurden die Exemplare auf einem Seeigel: *Toxopneustes elegans*, gefunden, wo sie zwischen den Stacheln, deren Färbung sie vollkommen nachahmen, langsam umherwandern.

a) 2 ♂, 1 ♀, Japan, Kagoshima. — DÖDERLEIN (coll.) 1880 (Sp.). Körperlänge: 5 mm.
Verbreitung: Borneo und Sulu-See (AD. et WH.).

Familie: *Trichiidae*.

Gattung: *Trichia* DE HAAN.

1. *Trichia dromiaeformis* DE HAAN.

DE HAAN, Faun. japon. 1850, p. 110, tab. 29, fig. 4.

Ueber die Bildung der Antennen, des Epistoms, des Mundfeldes und der Mundtheile siehe DE HAAN, l. c. pl. H. Danach würde *Trichia* auch in die Untergruppe Xanthini sich einreihen lassen und zur Fam. *Xanthidae* zu stellen sein. Abweichend von typischen *Xanthidae* ist die Gestalt des Cephalothorax, die schräge (fast longitudinale) Lage der innern Antennen, die Gestalt des Ischium des 2. Gnathopoden. Vielleicht ist *Trichia* als besondere Unterfamilie der *Xanthidae* neben die *Etisinae* zu stellen.

a) 1 ♂, Japan, Tokiobai. — DÖDERLEIN (coll.) 1880—81 (Sp.).
Verbreitung: Japan (DE HAAN); Timor (THALLWITZ).

Familie: *Cheiragonidae nov. fam.*

Gattung: *Cheiragonus* LATREILLE.

Vielleicht ist diese Gattung ebenfalls zu den Xanthini zu stellen und wegen der Bildung des Endgliedes und Geissel der äussern

Antennen, sowie des Merus der 2. Gnathopoden als aberrante Form der Corystiden-ähnlichen Xanthini aufzufassen. Sie würde dann neben die Fam. Thiidae zu stellen sein, von denen sie wesentlich dadurch abweicht, dass ein Fortsatz des zweiten Gliedes der äussern Antennen die innere Orbitaspalte schliesst. Ein eigenthümliches Merkmal ist es, dass die ♀ Sexualöffnung nicht vom Abdomen verdeckt wird.

1. *Cheiragonus cheiragonus* (TILESIUS).

Platycorystes ambiguus BRANDT, in: Bull. Sc. Acad. Pétersbourg, Cl. phys.-math., T. 7, 1848, p. 179.
Platycorystes cheiragonus BRANDT, Krebs. MIDDEND. Sibir. Reise, 1851, p. 9.
Cheiragonus hippocarcinoides (ST.), BRANDT, ibid., p. 71.
Telmessus serratus ADAMS et WHITE, Zool. Voy. Samarang, 1850, p. 14, pl. 3.
DANA, U. S. Expl. Exp. 1852, p. 303, tab. 18, fig. 8.
Cheiragonus hippocarcinoides (LATR.) STIMPSON, in: Boston Journ. Nat. H., vol. 6, 1857, p. 465.
Cheiragonus acutidens STIMPSON, in: Proceed. Acad. Nat. Sc. Philadelphia, 1858, p. 40.
Telmessus acutidens (STPS.) MIERS, in: Proceed. Zool. Soc. London, 1879, p. 36.
Telmessus cheiragonus und *acutidens* BENEDICT, in: Proc. U. S. Nat. Mus., vol. 15, 1892, p. 224 und 228, tab. 25, 26.

Meine Exemplare a, und c, würden der Form *acutidens* STIMPSON entsprechen, da die seitlichen Zähne spitzer und etwas länger sind als in der Abbildung bei ADAMS et WHITE. Ich glaube jedoch nicht, dass deshalb beide Formen specifisch zu trennen sind.

In der Länge der mittlern Stirnzähne scheinen erhebliche Variationen vorzukommen. Nach BRANDT sind sie entweder alle gleich lang, oder die innern sind kürzer (letzteres bei meinen Exemplaren); nach DANA sind die innern länger.

a) 1 ♀, Japan, Tokiobai. — DÖDERLEIN (coll.) 1880—81 (tr.).

b) 1 ♀, sibirische Küstenprovinz: de Castries-Bai. — Mus. GODEFFROY (vend.) 1886 (Sp.).

c) 2 ♂, 1 ♀, Japan. — ROLLE (vend.) 1891 (tr.).

Verbreitung: Nord-Japan: Yesso und Kunashiri (MIERS); Tsugaru-Strasse (STIMPSON); Yokohama (BENEDICT [*var. acutidens*]); Ochotskisches Meer) BRANDT); Kamtschatka (BRANDT); Aleuten (BRANDT); Berings-Meer (BRANDT); Alaska (BRANDT); Sitka (BRANDT); Puget Sound (DANA); Ober-Californien (STIMPSON [die typische Form, vgl. auch BENEDICT, l. c.]).

Cancrini.

Familie: *Atelecyclidae* nov. fam.
1. Innere Antennen longitudinal.
2. Aeussere Antennen in der innern Orbitaspalte stehend, 2. Glied cylindrisch, eben die Stirn erreichend, 3. Glied nur wenig kleiner, Geissel behaart.
3. Cephalothorax gerundet, nicht verbreitert. Vorderseitenrand mindestens ebenso lang wie der Hinterseitenrand.
Gattung: *Hypopeltarion. Atelecyclus.*

Familie: *Carcinidae* nov. fam.
1. Innere Antennen schräg.
2. Aeussere Antennen in der innern Orbitaspalte, 2. Glied cylindrisch, kaum den Stirnrand erreichend, 3. Glied kleiner, Geissel kurz, unbehaart.
3. Cephalothorax gerundet, nicht verbreitert. Vorderseitenrand kürzer als der Hinterseitenrand.
Gattung: *Pirimela. Carcinus.*

Familie: *Cancridae* nov. fam.
1. Innere Antennen longitudinal.
2. Aeussere Antennen die innere Orbitaspalte völlig ausfüllend, 2. Glied verbreitert, prismatisch, mit der Stirn breit verbunden, 3. und 4. Glied klein, von der Orbita getrennt, Geissel kurz, unbehaart.
3. Cephalothorax verbreitert. Vorderseitenrand so lang oder länger als der Hinterseitenrand.
Gattung: *Metacarcinus. Cancer.*

Familie: *Atelecyclidae* nov. fam.

Gattung: ***Hypopeltarion*** MIERS.

1. *Hypopeltarion spinulosum* (WHITE).

Atelecyclus spinulosus WHITE, in: Ann. Mag. N. H., vol. 12, 1843, p. 345.
Peltarion spinul. DANA, U. S. Expl. Exp. Crust. 1852, p. 304, tab. 18, fig. 6.
Pelt. magellanicus JACQUINOT et LUCAS, Voy. Pole Sud. Crust., T. 3, 1853, p. 83, tab. 8, fig. 1.
Pelt. spinul. MIERS, in: Proceed. Zool. Soc. London, 1881, p. 68.
Hypopeltarion spinul. MIERS, Chall. Brach. 1886, p. 211.

Bei meinen Exemplaren sind die Ränder des Cephalothorax und

die Pereiopoden weniger dornig, sondern eher grobkörnig zu nennen, sonst stimmen sie mit den citirten Abbildungen überein.
  a) 1 ♀, Valparaiso. — ACKERMANN (coll.) 1842 (tr.).
  b) 2 ♂, Valparaiso. — Mus. GODEFFROY (vend.) 1888 (Sp.).
  Verbreitung: Falkland-Ins. (MIERS, Chall.); Magellansstrasse (JACQ. LUC., CUNNINGHAM); Süd-Patagonien (DANA, MIERS); Chiloë (Chall.).

Gattung: *Atelecyclus* LEACH.

1. *Atelecyclus rotundatus* (OLIVI).

A. cruentatus DESM., MILNE-EDWARDS, H. N. Cr., T. 2, 1837, p. 142.
HELLER, Crust. südl. Europ., 1863, p. 132, tab. 4, fig. 5.
CARUS, Prodr. faun. medit., vol. 1, 1884, p. 519.
  a) 2 ♂, Mittelmeer. — (tr.).
  b) 1 ♂, W.-Frankreich, Noirmoutier. — Mus. Paris (ded.) 1829 (tr.).
  Verbreitung: Mittelmeer (HELLER, CARUS); Adria (HELLER, STOSSICH); Senegambien (MIERS); W.-Küste Frankreichs (M.-E.) — ? südl. Norwegen (G. O. SARS).

2. *Atelecyclus septemdentatus* (MONTAGU).

A. heterodon LEACH, MILNE-EDWARDS, H. N. Cr., T. 2, 1837, p. 143.
BELL, Brit. Crust. 1853, p. 153.
HELLER, Crust. südl. Europ., 1863, p. 133.
CARUS, Prodr. faun. medit., vol. 1, 1884, p. 519.
GOURRET, in: Annal. Mus. Marseille, Zool., T. 3, 1888, p. 55, tab. 1, fig. 1—17.
  a) 1 ♀, Nordsee. — MÖBIUS (ded.) U. S. (tr.).
  Verbreitung: Südl. Norwegen (G. O. SARS); England (M.-E., BELL); Marseille (MARION, GOURRET); Adria: Quarnero, Ragusa (HELLER).

Familie: *Carcinidae nov. fam.*

Gattung: *Pirimela* LEACH.

1. *Pirimela denticulata* (MONTAGU).

MILNE-EDWARDS, H. N. Cr., T. 1, 1834, p. 424.
MILNE-EDWARDS, Atl. Cuvier Regn. anim. 1849, tab. 12, fig. 1.
BELL, Brit. Crust. 1853, p. 72.
HELLER, Crust. südl. Europ., 1863, p. 64, tab. 2, fig. 4.
A. MILNE-EDWARDS, in: Nouv. Arch. Mus. H. N. Paris, T. 1, 1865, p. 207.
CARUS, Prodr. faun. medit., vol. 1, 1884, p. 512.
  a) 1 ♂, Canal. — (tr.).
  b) 2 ♂, 2 ♀, Mittelmeer. — (tr.).

Verbreitung: Norwegen (G. O. SARS); Schweden: Bohuslän (GOES); Dänemark (MEINERT); ostfriesische Inseln (METZGER); Helgoland (METZGER); England (BELL); Canal (M.-E.); Vendée (M.-E.); Mittelmeer und Adria (HELLER, STOSSICH, CARUS); Cap Verde-Ins. [CUNNINGHAM [1])].

Gattung: *Carcinus* LEACH.

1. *Carcinus maenas* (LINNÉ).

A. MILNE-EDWARDS, Arch. Mus. H. N. Paris, T. 10, 1861, p. 391 (daselbst die ältere Literatur).
HELLER, Crust. südl. Europ., 1863, p. 91, tab. 2, fig. 14, 15.
SMITH, in: Trans. Connect. Acad., vol. 5, 1879, p. 34.
CARUS, Prodr. faun. medit., vol. 1, 1884, p. 518.
CZERNIAVSKY, Crust. Decap. Pontic. 1884, p. 174.

a) 1 ♂, 1 ♀, ohne Fundort. — (Sp.).
b) 3 ♂, 1 ♀, französische Küste. — Cab. HERMANN (tr.).
c) 13 juv., Nizza. — 1841 (Sp.).
d) 3 ♀, Triest. — 1844 (Sp.).
e) 2 juv., Schweden, Bohuslän. — G. SCHNEIDER (vend.) 1888 (Sp.).
f) 1 ♂, 1 ♀, Norwegen, Bergen. — BLOCHMANN (coll.) 1889 (Sp.).
g) 3 juv., Helgoland. — Deutsch. Fischerei-Verein (ded.) 1891 (Sp.).
h) 4 ♂, Bretagne, Le Croisic. — BENECKE (coll.) U. S. (tr. u. Sp.).
i) vide Ex. Helgoland. — U. S. (Sp.).

Verbreitung: Norwegen (G. O. SARS); Schweden: Bohuslän (GOES); Dänemark (MEINERT); westliche Ostsee (MÖBIUS); Nordsee (METZGER); Holland: Zuidersee (METZGER); Belgien (VAN BENEDEN); England (BELL); Frankreich (M.-E.); Mittelmeer (HELLER, CARUS); Adria (HELLER, STOSSICH); Schwarzes Meer (CZERNIAVSKY) — NO.-Küste Amerikas (GIBBES): Massachusetts bis New-Jersey (SMITH), Virginia (KINGSLEY).

Mit Zweifel anzunehmen sind folgende Angaben: Rio Janeiro (HELLER, Novara, 1865, p. 30). — Ceylon (WOOD-MASON, in: Proceed. Asiat. Soc. Bengalen, Nov. 1873). — Sandwich-Ins. (STREETS) und Panamabai (SMITH, l. c.).

---

[1]) in: Trans. Linn. Soc. London, vol. 27, 1871, p. 492.

Familie: *Cancridae* nov. fam.

Gattung: *Metacarcinus* A. MILNE-EDWARDS.

1. *Metacarcinus magister* (DANA).

Cancer magister DANA, U. S. Expl. Exp. Crust., 1852, p. 151, tab. 7, fig. 1.
STIMPSON, in: Boston Journ. Nat. Hist., vol. 6, 1857, p. 458.
Metacarcinus mag. A. MILNE-EDWARDS, in: Nouv. Arch. Mus. H. N. Paris, T. 1, 1865, p. 202, tab. 19.

a) 1 ♂, 2 ♀, ohne Fundort. — 1847 (tr.).

Verbreitung: Sitka (STIMPSON); Pouget Sound (STIMPSON); Californien: San Francisco (DANA, STIMPSON), Monterey (STIMPSON).

Gattung: *Cancer* LEACH.

1. *Cancer longipes* BELL.

Cancer longipes BELL, in: Trans. Zool. Soc. London, vol. 1, 1835, p. 337, tab. 43.
BELL, in: Proceed. Zool. Soc. London, vol. 3, 1835, p. 87.
Platycarcinus longip. GAY, Hist. Chile, Zool., T. 3, 1849, p. 144.
Cancer longip. A. MILNE-EDWARDS, in: Nouv. Arch. Mus. H. N., T. 1, 1865, p. 199.
MIERS, Chall. Brach. 1886, p. 110.

a) 1 ♀, Valparaiso. — Mus. GODEFFROY (vend.) 1876 (Sp.).

Verbreitung: Chile (A. M.-E.): Valparaiso (BELL, GAY, Chall.).

2. *Cancer pagurus* LINNÉ.

Platycarcinus pagurus (L.) MILNE-EDWARDS, H. N. Cr., T. 1, 1834, p. 413.
Cancer pagurus L., BELL, in: Trans. Zool. Soc. London, vol. 1, 1835, p. 341.
BELL, in: Proceed. Zool. Soc. London, vol. 3, 1835, p. 88.
BELL, Brit. Crust. 1853, p. 59.
HELLER, Crust. südl. Europ., 1863, p. 62, tab. 2, fig. 3.
A. MILNE-EDWARDS, in: Nouv. Arch. Mus. H. N. Paris, T. 1, 1865, p. 186.
CARUS, Prodr. faun. medit., vol. 1, 1884, p. 511.

a) 2 ♂, ohne Fundort. — (tr.).
b) 1 ♂, 1 ♀, Mittelmeer. — Cab. HERMANN (tr.).
c) 2 ♂, Europa. — Mus. GODEFFROY (vend.) 1888 (Sp.).
d) 1 juv., Helgoland. — Deutsch. Fisch.-Ver. (ded.) 1891 (Sp.)
e) 1 ♀, ohne Fundort. — U. S. (Sp.).
f) 1 ♂, 1 ♀, Norwegen, Arendal. — GÖTTE (coll.) U. S. (tr.).

Verbreitung: Norwegen (G. O. SARS); Schweden: Bohuslän (GOES); Skagerrak, Kattegat, Sund (MEINERT); Ostfriesland (METZGER);

Helgoland (DALLA TORRE); Holland (HERKLOTS); Belgien (VAN BENEDEN); England (BELL); Frankreich (M.-E.); seltener im Mittelmeer und Adria (HELLER, CARUS, STOSSICH); Schwarzes Meer (CZERNIAVSKY).

3. *Cancer antennarius* STIMPSON.

STIMPSON, in: Boston Journ. Nat. Hist., vol. 6, 1857, p. 462, tab. 18.
A. MILNE-EDWARDS, in: Nouv. Arch. Mus. H. N. Paris, T. 1, 1865, p. 196.

Mein Exemplar ist noch klein (Länge 0,039 m, Breite 0,055 m), und die Scheeren zeigen noch granulirte Längslinien auf der Aussenfläche. Die Art steht jedenfalls dem *C. dendatus* näher als dem *C. pagurus*.

a) 1 ♀, ohne Fundort [1]). — KRIEGER (coll.) 1867 (tr.).

Verbreitung: Californien (STIMPSON).

4. *Cancer plebejus* PÖPPIG.

Cancer irroratus BELL, in: Trans. Zool. Soc. London, vol. 1, 1835, p. 340, tab. 46.
BELL, in: Proceed. Zool. Soc. London, vol. 3, 1835, p. 87.
Cancer plebejus PÖPPIG, in: Arch. f. Naturg., Jg. 2, Bd. 1, 1836, p. 134.
Platycarcinus irroratus (BELL) GAY, Hist. Chile, Zool., T. 3, 1849, p. 142.
Cancer plebejus PPP., DANA, U. S. Expl. Exp. 1852, p. 155.
A. MILNE-EDWARDS, in: Nouv. Arch. Mus. H. N. Paris, T. 1, 1865, p. 188.
Cancer irroratus BELL, HELLER, Crust. Novara, 1865, p. 6.

a) 1 ♂, 1 ♀, ohne Fundort. — (tr.).
b) 1 ♂, Valparaiso. — ACKERMANN (coll.) 1842 (Sp.).
c) 2 juv., Valparaiso. — Mus. GODEFFROY (vend.) 1888 (Sp.).
d) 1 ♂, Süd-Chile. — PÖHL (vend.) 1890 (Sp.).

Verbreitung: Chile (PÖPPIG, HELLER); Valparaiso (GAY, DANA), Pictou Channel und Talcahuano (MIERS).

5. *Cancer productus* RANDALL.

Cancer productus RANDALL, in: Journ. Acad. N. Sc. Philadelphia, vol. 8, 1839, p. 116.
Platycarcinus productus (RAND.) GIBBES, in: Proceed. Americ. Assoc. 1850, p. 177.
Cancer productus RAND., DANA, U. S. Expl. Exp., 1852, p. 156, tab. 7, fig. 3.
STIMPSON, in: Boston Journ. Nat. Hist., vol. 6, 1857, p. 461.
A. MILNE-EDWARDS, in: Nouv. Arch. Mus. H. N. Paris, T. 1, 1865, p. 194.

a) 2 ♂, San Francisco. — A. AGASSIZ (ded.) 1874 (tr.).

---

1) Es war Neu-Caledonien angegeben. Vgl. *Epialtus productus*.

Verbreitung: Californien (RANDALL): San Francisco (STIMPSON); Tomales-Bay (STIMPSON); Pouget-Sound (DANA).

6. *Cancer irroratus* SAY (pars).

Platycarcinus irroratus (SAY) MILNE-EDWARDS, H. N. Cr., T. 1, 1834, p. 414.
Cancer irroratus SAY, A. MILNE-EDWARDS, in: Nouv. Arch. Mus. H. N. Paris, T. 1, 1865, p. 191.
SMITH, in: Trans. Connect. Acad., vol. 5, 1879, p. 38. (Daselbst die übrige Literatur, sowie p. 39 diejenige für *C. borealis* STPS.)
KINGSLEY, in: Proceed. Acad. N. Sc. Philadelphia, 1879, p. 391.
SMITH, in: Bull. Mus. Compar. Zool., vol. 10, 1882, p. 4.

a) 2 ♂, 5 ♀, Massachusetts, Boston. — A. AGASSIZ (ded.) 1874 (tr.).

Verbreitung: Ostküste von Nordamerika. Von S.-Carolina (GIBBES) an der ganzen Küste: N.-Carolina, Virginia (KINGSLEY), New-Jersey, Long Island bis Cap Cod sehr häufig, ferner Massachusetts, Maine (KINGSLEY), Fundy Bay, Nova-Scotia bis zum St. Lorenz-Golf und südl. Labrador: Belle-Isle-Str. zwischen Labrador und New-Foundland (SMITH). — Südlicher noch bis Florida und Haiti (KINGSLEY).

7. *Cancer pygmaeus* n. sp. (Taf. 17, Fig. 4).

Länge des Cephalothorax: 0,020 m, Breite: 0,027 m. Oberfläche höckerig, und zwar zwei Höcker auf der Gastralregion, je einer auf den Branchialregionen, sehr fein granulirt. Stirnrand die innern Orbitalzähne nicht überragend, dreizähnig, Zähne stumpf, der mittlere schmaler als die seitlichen, ebenso weit vorragend wie diese. Oberer Orbitalrand zwischen den Fissuren ohne Dorn. Vorderseitenrand mit 10 Zähnen, der erste bildet die äussere Orbitaecke, der letzte steht am Postero-lateralrand und ist rudimentär. Die übrigen sind ziemlich gleich breit, die vordern stumpf vorragend, die hintern dreieckig vorragend, ihre Ränder nicht stärker granulirt oder dornig.

Zweites Glied der äussern Antennen vorn mit gerundetem Lappen, der nicht weiter vorspringt als der innere Orbitalzahn.

Carpus der Scheerenfüsse granulirt und etwas höckrig, an der Innenseite zwei Dornen, und zwar einer an der vordern innern Ecke, der andere (ebenso grosse) etwas darunter. Ferner ein Dorn gegenüber dem obern Condylus der Hand. Hand granulirt, Oberrand mit zwei Dornen und einigen Höckern danebeu, Aussenfläche mit 4—5 granulirten Längslinien. Fingerspitzen schwarz.

Hintere Perciopoden nur wenig comprimirt, behaart.

Vielleicht eine bedeutendere Grösse erreichend als das mir vorliegende Exemplar und mit dem Alter die Merkmale etwas ändernd. Bis jetzt lässt sie sich aber mit keiner der bekannten Arten vereinigen. Dem *C. gracilis* DANA steht sie am nächsten durch die Bedornung des Carpus der Scheerenfüsse, unterscheidet sich aber durch höckrigen Cephalothorax, kürzere Stirn, die die innern Orbitalzähne nicht überragt, und behaarte hintere Perciopoden.

a) 1 ♀, Japan, Tokiobai. — DÖDERLEIN (coll.) 1880—81 (Sp.).

8. Cancer dentatus BELL.

C. dentatus BELL, in: Trans. Zool. Soc. London, vol. 1, 1835, p. 339, tab. 45.
BELL, in: Proceed. Zool. Soc. London, vol. 3, 1835, p. 87.
C. polyodon PÖPPIG, in: Arch. f. Naturg., Jg. 2, Bd. 1, 1836, p. 133.
Platycarcinus dentatus (BELL) GAY, Histor. Chile, Zool., T. 3, 1849, p. 143.
Cancer dentatus BELL, DANA, U. S. Expl. Exp. 1852, p. 155.
A. MILNE-EDWARDS, in: Nouv. Arch. Mus. H. N. Paris, T. 1, 1865, p. 197.
HELLER, Crust. Novara 1865, p. 6.

a) 1 ♂, Ecuador, Ancon-Golf. — REISS (coll.), 1874 (tr.).

Verbreitung: Chile (PÖPPIG, HELLER); Valparaiso (BELL, GAY, DANA).

9. Cancer japonicus n. sp. (Taf. 17, Fig. 5).

Cephalothorax mittelmässig gewölbt, viel breiter als lang (grösstes Exemplar: 0,068 lang, 0,117 breit). Oberfläche bucklig, Buckel stärker als bei allen andern Arten (nur *pygmaeus* und der junge *antennarius* zeigen eine annähernd solche Entwicklung der Buckel), und zwar liegen 2 grosse Buckel auf der Gastralregion und 2—3 auf den Branchialregionen, daneben finden sich viele kleinere. Die ganze Oberfläche ist ferner dicht und stark granulirt, stärker als bei allen übrigen mir vorliegenden Arten. Stirnrand dreizähnig, Zähne dreieckig, der mittlere nur wenig stärker vorragend und schmaler als die seitlichen. Zähne der innern Orbitalecken kürzer als diese letztern. Oberrand der Orbita zwischen den Fissuren etwas vorspringend, aber nicht mit einem Dorn. Vorderseitenrand mit 13 Zähnen, die äussere Orbitaecke mitgezählt, der hinterste, am Beginn des Hinterseitenrandes stehende ist rudimentär. Die übrigen 11 Zähne sind ziemlich gleichmässig, dreieckig vorspringend, an den Rändern wie die ganze Oberfläche des Cephalothorax granulirt, aber ohne stärkere Zähne oder Dornen. Diese Zahnzahl unterscheidet die vorliegende Art von allen andern.

Zweites Stielglied der äussern Antennen nach vorn mit dreieckiger, ziemlich stark vorspringender Spitze.

Erste Pereiopoden kräftig, gleich. Carpus stumpfhöckrig und dicht granulirt, an der vordern innern Ecke in einen kräftigen Dorn ausgezogen. Hand am Oberrand mit 2—3 spitzen Dornen, unter diesen auf der Aussenfläche zuerst mit einigen undeutlichen, stumpfen Höckern, dann mit 4 granulirten Längslinien. Sonst ist die Oberfläche der Hand ebenfalls granulirt, stärker am Oberrand, feiner auf der Aussenfläche. Beweglicher Finger granulirt, ohne Kanten und Höcker.

Die übrigen Pereiopoden sind etwas comprimirt, oberseits mit einigen granulirten Linien und an den obern und untern Rändern behaart.

Abdomen des ♂ 5gliedrig. Das letzte Glied lang und schmal, schmaler als bei allen andern mir vorliegenden Arten. Abdomen des ♀ 7gliedrig.

a) 4 ♂, 1 ♀, Japan, Tokiobai. — Döderlein (coll.) 1880—81 (tr.).

Xanthini.

A. Cephalothorax rundlich, nicht verbreitert. Stirn ganzrandig oder zweitheilig, flach. Vorderseitenränder nach hinten allmählich verschwindend, ganzrandig oder gezähnt. Innere Antennen schräg. Aeussere Antennen in der innern Orbitaspalte stehend; zweites Glied cylindrisch, Geissel etwas behaart. Epistom gegen das Mundfeld nicht scharf abgegrenzt, zweite Gnathopoden das Epistom z. Th. bedeckend.

Familie: *Thiidae* Dana (l. c. 1852, p. 297).

B. Cephalothorax rundlich, meist verbreitert. Stirn mehr weniger zweitheilig, oft die seitlichen Lappen wieder getheilt oder gebuchtet. Vorderseitenränder meist deutlich gezähnt und meist durch einen deutlichen Zahn gegen die Hinterseitenränder abgesetzt. Innere Antennen schräg oder quer. Aeussere Antennen in der Orbitaspalte stehend, zweites Glied cylindrisch oder prismatisch oder verbreitert, Geissel kurz, unbehaart. Zweite Gnathopoden nur das Mundfeld, nicht das Epistom bedeckend.

Familie: *Menippidae nov. fam.*

Zweites Glied der äussern Antennen kurz, den Stirnrand nicht erreichend. Gaumen ohne oder mit Leiste.

Unterfamilie: *Menippinae*: Ohne Gaumenleiste. Orbitaspalte innen offen.

Unterfamilie: *Myomenippinae*: Ohne Gaumenleiste. Orbitaspalte geschlossen (durch Vereinigung der Ränder).

Unterfamilie: *Pilumninae*: Mit undeutlicher oder deutlicher Gaumenleiste. Orbitaspalte offen.

Familie: *Xanthidae* nov. fam.

Zweites Glied der äussern Antennen die Stirn erreichend. Gaumen ohne Leiste.

Unterfamilie: *Xanthinae*: Innere Orbitaspalte offen, Basalglied der äussern Antennen mehr weniger cylindrisch, die Stirn nur berührend (Taf. 17, Fig. 8).

Unterfamilie: *Carpilinae*: Innere Orbitaspalte offen, Basalglied der äussern Antennen in die Orbitaspalte eindringend, freie Glieder nicht von der Orbita getrennt (Taf. 17, Fig. 9).

Unterfamilie: *Etisinae*: Innere Orbitaspalte geschlossen, freie Glieder der äussern Antennen von der Orbita getrennt.

Familie: *Oziidae* nov. fam.

Zweites Glied der äussern Antennen die Stirn erreichend. Gaumen mit deutlicher oder undeutlicher Gaumenleiste.

Unterfamilie: *Panopaeinae*: Innere Orbitaspalte offen. Gaumenleiste schwach, nur hinten entwickelt oder am vordern Mundrand keine Kerbe bildend.

Unterfamilie: *Oziinae*: Innere Orbitaspalte offen. Gaumenleiste stark, vorn am Mundrand eine Kerbe bildend.

Unterfamilie: *Domoeciinae*: Innere Orbitaspalte vom 2. Glied der Antennen geschlossen, die folgenden Glieder von der Orbita entfernt. Leiste stark, vorn eine Kerbe bildend.

Unterfamilie: *Eriphiinae*: Innere Orbitaspalte durch Vereinigung der Ränder geschlossen, die ganzen Antennen von der Orbita entfernt.

C. Cephalothorax fast viereckig, Stirnrand breit, Orbiten an den vordern Ecken. Vorderseitenränder ungezähnt: nur der letzte Zahn, in der Mitte der Seiten des Cephalothorax stehend, gewöhnlich vorhanden. Innere Orbitaspalte durch Vereinigung der Ränder geschlossen. Gaumen mit Leiste, Mundrand ohne Kerbe.

VII.

Familie: *Trapeziidae* nov. fam. = *Trapeziinae* MIERS (Chall. p. 163).

D. Cephalothorax fast viereckig. Seitenränder gebogen, gezähnt oder ungezähnt. Innere Orbitaspalte offen.

Familie: *Telphusidae* DANA.

Unterfamilien siehe unten.

Diese Familien stehen in folgendem Verwandtschaftsverhältniss:

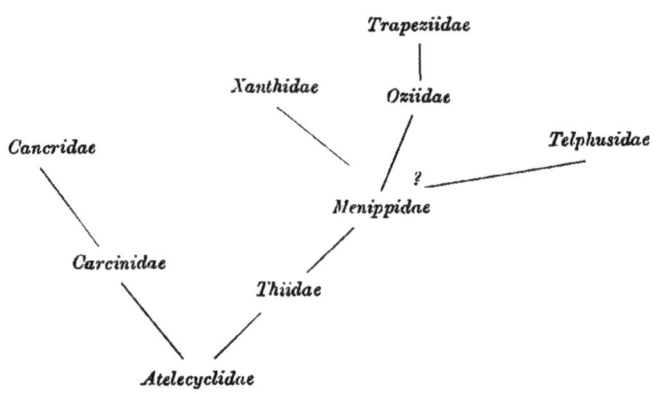

Familie: *Thiidae* DANA.

Hierher: *Thia* und *Kraussia*, cf. DANA l. c. p. 297, und *Crossotonotus?*

Gattung: **Thia** LEACH.

1. Thia polita LEACH.

MILNE-EDWARDS, H. N. Cr., T. 2, 1837, p. 144, tab. 14 bis, fig. 14.
BELL, Brit. Crust. 1853, p. 365.
HELLER, Crust. südl. Europ. 1863, p. 134, tab. 4, fig. 7.
CARUS, Prodr. faun. medit. 1884, p. 519.

a) 1 ♂, schottische Küste. — G. SCHNEIDER (vend.) 1888 (tr.).
b) 2 ♂, 3 ♀, Neapel. — O. SCHMIDT (coll.) U. S. (tr. u. Sp.).

Verbreitung: Mittelmeer (M.-E., HELLER, CARUS); Canal (M.-E.); England (BELL); ostfriesische Inseln (METZGER).

Gattung: **Crossotonotus** A. MILNE-EDWARDS.

A. MILNE-EDWARDS rechnet diese Gattung zu den Catametopa: aus seiner Abbildung (fig. 1f) geht dies nicht zu Evidenz hervor. Leider liegen mir keine ♂ vor. Unter den Catametopa würde die Gattung eine ganz isolirte Stellung einnehmen; nach der Gestalt des

Cephalothorax, der Bildung der Augenhöhlen, äussern Antennen und 2. Gnathopoden kann ich sie nur hierher stellen, wenn ich auch zugebe, dass dies nur provisorisch sein kann.

1. *Crossotonotus compressipes* A. MILNE-EDWARDS.

A. MILNE-EDWARDS, in: Nouv. Arch. Mus. H. N. Paris, T. 9, 1873, tab. 13, fig. 1.
A. MILNE-EDWARDS, in: Journ. Mus. GODEFFR., Bd. 1, Hft. 4, 1873, p. 83.
HASWELL, Catal. Austral. Crust., 1882, p. 96.

a) 4 ♀, Samoa-Ins., Upolu. — Mus. GODEFFROY (vend.) 1888 (Sp.).
Verbreitung: Samoa: Upolu (A. M.-E.); Neu-Caledonien (A. M.-E.); Torres-Strasse (HASWELL).

Familie: *Menippidae* nov. fam.

Unterfamilie: *Menippinae* [1]).

Merus der 2. Gnathopoden länger als breit, dreieckig. Innere Antennen schräg (Taf. 17, Fig. 6 u. 6i). *Platyxanthus*.

Merus der 2. Gnathopoden nicht länger als breit, viereckig. Innere Antennen quer. *Menippe*.

Gattung: *Platyxanthus* MILNE-EDWARDS.

in: Annal. Sc. Natur. (4), T. 20, 1863, p. 280.

1. *Platyxanthus orbignyi* (MILNE-EDWARDS et LUCAS).
(Taf. 17, Fig. 6.)

* *Xantho orbignyi* MILNE-EDWARDS et LUCAS, in: D'ORBIGNY, Voy. Americ., 14, tab. 7, fig. 1.
GAY, Hist. Chile, 1849, p. 137.
DANA, U. S. Expl. Exp., 1852, p. 171.

a) 3 ♂, 1 ♀, Ecuador, Ancon-Golf. — REISS (coll.) 1874 (tr. u. Sp.).
Verbreitung: Chile: Valparaiso (GAY); Peru: Callao (DANA).

Gattung: *Menippe*.

1. *Menippe rumphii* (MILNE-EDWARDS).

Pseudocarcinus rumphii MILNE-EDWARDS, H. N. Cr., T. 1, 1834, p. 408.
Menippe rumphii (M.-E.) DANA, U. S. Expl. Exp. 1852, p. 179.
v. MARTENS, in: Arch. f. Naturg., Jg. 38, Bd. 1, 1873, p. 88.
A. MILNE-EDWARDS, Miss. Mexique, 1881, p. 262, tab. 48, fig. 4.

---

1) Hierher wohl auch *Trichocera* DE HAAN.

Meine Exemplare stimmen vollkommen mit der Beschreibung und Abbildung bei A. MILNE-EDWARDS. Der *Pseudoc. rumphii* des ältern MILNE-EDWARDS soll aber nach DE MAN (in: Journ. Linn. Soc., vol. 22, 1888, p. 36) vom *Cancer rumphii* FABRICIUS verschieden sein: letzterer ist ost-indisch und soll mit *M. bellangeri* M.-E. identisch sein, was auch v. MARTENS vermuthet. Danach würde der Namen *Men. rumphii* (FABRICIUS) für die indische Art anzuwenden sein, und die vorliegende Art müsste neu benannt werden.

Jedenfalls bedürfen die hierher gehörigen Arten einer Revision.

a) 2 ♀, Brasilien. — (Sp.).

b) 1 ♀, Haiti. — v. MALTZAN (vend). 1889 (Sp.).

Verbreitung: Süd-Brasilien (v. MART.): Rio Janeiro (DANA); Pernambuco und Jamaica (SMITH)[1]); gemein an der Küste Brasiliens, doch auch im Golf von Mexico (A. M.-E.); zwischen Florida und Cuba (A. M.-E.)[2]).

Unterfamilie: *Myomenippinae.*

Gattung: *Myomenippe* HILGENDORF.

1. *Myomenippe leguilloui* (A. MILNE-EDWARDS).

Menippe leguillouii A. MILNE-EDWARDS, in: Annal. Soc. Entomol. France (4), T. 7, 1867, p. 274.
Menippe (Myomenippe) fornasinii BIANCONI, HILGENDORF, in: Mon.-Ber. Ak. Wiss. Berlin, 1878, p. 795.
Men. (Myom.) leguilloui A. M.-E., MIERS, in: Ann. Mag. N. H. (5), vol. 5, 1880, p. 233.
Pararüppellia saxicola HASWELL, Catal. Austral. Crust., 1882, p. 74.

a) 1 ♀, Ost-Australien. — Mus. GODEFFROY (vend.) 1888 (Sp.).

Verbreitung: Ost-Afrika: Ibo (HLGDF.); Australien: Swan River (MIERS), Port Essington, Port Curtis, Port Molle (HASWELL).

Unterfamilie: *Pilumninae.*

Uebersicht der mir vorliegenden Gattungen:

A. Zweites Glied der äussern Antennen weit von der Stirn entfernt, die innere Orbitaspalte wird vom 3., resp. 3. und 4. Gliede eingenommen.

   1. Cephalothorax rundlich, Vorderseitenränder kürzer als die geraden Hinterseitenränder, mit kräftigen Zähnen. Oberfläche vorn mit einigen Buckeln. Innere Orbitaspalte weit, vom schlanken 3. Glied der Antennen eingenommen.

Paragalene.

---

[1] in: Trans. Connect. Acad., vol. 2, 1870, p. 34.
[2] in: Bull. Mus. Comp. Zool., vol. 8, 1880, p. 12.

2. Cephalothorax rundlich, Vorderseitenränder etwas länger als die Hinterseitenränder, mit Zähnen. Oberfläche glatt. Innere Orbitaspalte eng, vom kurzen 3. und 4. Antennenglied eingenommen. *Sphaerozius.*

3. Cephalothorax etwas verbreitert. Vorderseitenränder undeutlich gezähnt. Oberfläche ziemlich glatt. Innere Orbitaspalte eng, vom kurzen 3. und 4. Glied der Antennen eingenommen. *Pseudozius.*

B. Zweites Glied der äussern Antennen dem Stirnrand nahe kommend, mit dem obern Ende in die innere Orbitaspalte reichend.

1. Cephalothorax deutlich verbreitert, glatt, unbehaart.
Eurycarcinus.
2. Cephalothorax kaum verbreitert, behaart. *Pilumnus.*

Gattung: *Paragalene* KOSSMANN.

1. *Paragalene longicrura* (NARDO).

Paragalene neapolitana KOSSMANN, in: Arch. f. Naturg., Jg. 44, Bd. 1, 1878, p. 254.
Eriphia longicrura NARD., STOSSICH, Prosp. faun. Adriat., vol. 3, 1881, p. 188.
Paragalene longicrura (N.) CARUS, Prodr. faun. medit., vol. 1, 1884, p. 515.

a) 1 ♂, 1 ♀, Neapel. — Zool. Station (vend.) 1881 (Sp.).

Verbreitung: Neapel (KOSSM.); Venedig (NARDO); Dalmatien (STOSSICH).

Gattung: *Sphaerozius* STIMPSON.

1. *Sphaerozius nitidus* STIMPSON.

STIMPSON, in: Proceed. Acad. Nat. Sc. Philadelphia, 1858, p. 35.
MIERS, Chall. Brach. 1886, p. 144, tab. 12, fig. 4.

a) 1 ♀, Japan, Tokiobai. — DÖDERLEIN (coll.) 1880—81 (Sp.).

Verbeitung: Japan: Kobi, 50 Fad. (Chall.); Hongkong (STIMPSON).

Gattung: *Pseudozius* DANA.

1. *Pseudozius dispar* DANA.

Pseud. dispar DANA, U. S. Expl. Exp., Crust., 1852, p. 235, tab. 13, fig. 9.
Pilumnus nitidus A. MILNE-EDWARDS, in: Nouv. Arch. Mus. H. N. Paris, T. 9, 1873, p. 249, tab. 10, fig. 2.
DE MAN, in: Arch. f. Naturg., Jg. 53, Bd. 1, 1887, p. 305.

Diese Art bildet den Uebergang von *Sphaerozius* zu *Pseudozius*, da der Cephalothorax kaum verbreitert ist. Ich stelle sie zu *Pseudozius*, weil die Antero-lateralzähne undeutlich sind.

Schon DE MAN vermuthet die Identität von *Pseud. dispar* und *Pil. nitidus*. Auch bei meinen Exemplaren finde ich, dass bei den ♂ die grosse Scheere aussen glatt ist, nur an der Basis mit Körnern, während bei ♀ fast die ganze Aussenfläche gekörnt ist, aber schwächer als die kleine Scheere.

a) 2 ♂, 5 ♀, Liu-Kiu-Ins., Amami Oshima. — DÖDERLEIN (coll.) 1880 (Sp.).

Verbreitung: Sulu-See (DANA); Amboina (DE MAN); Java: Insel Noordwachter (DE MAN); Neu-Caledonien (A. M.-E.).

2. *Pseudozius caystrus* (ADAMS et WHITE).

Panopeus caystrus ADAMS et WHITE, Zool. Voy. Samarang, 1850, p. 42, tab. 9, fig. 2.
Pseudozius planus DANA, U. S. Expl. Exp. 1852, p. 233, tab. 13, fig. 6.
Ps. microphthalmus STIMPSON, in: Proceed. Acad. Nat. Sc. Philadelphia, 1858, p. 35.

a) 2 ♂, 4 ♀, Samoa-Ins. — Mus. GODEFFROY (vend.) 1888 (Sp.).

Verbreitung: Mauritius (RICHTERS); Bonin-Ins. (STIMPSON); Wake-Insel (DANA); Paumotu-Ins. (DANA).

Gattung: *Eurycarcinus* A. MILNE-EDWARDS.

Uebersicht der bisher bekannten Arten:
a) Stirnwand durch eine mittlere Kerbe oder Bucht in zwei Lappen getheilt.
 1. Zweiter Zahn des Seitenrandes breiter als der erste (äussere Orbitalecke).   *E. natalensis* = *grandidieri* [1]).
 2. Zweiter Zahn nicht breiter als der erste.
  α) Erster Zahn (äussere Orbitalecke) etwas ausgerandet.
   E. hawaiensis [2]).
  β) Erster Zahn abgestutzt.   *E. maculatus*.
b) Stirnrand gerade, ganz, nicht eingeschnitten. *E. integrifrons* [3]).

Eur. orientalis A. M.-E. (in: Ann. Soc. Ent. Fr. 1867, p. 277) ist ungenügend charakterisirt.

---

1) KRAUSS, Südafrik. Crust., 1843, p. 31, tab. 1, fig. 4. A. MILNE-EDWARDS, in: Annal. Soc. Entom. France (4), T. 7, 1867, p. 277.
2) DANA, U. S. Expl. Exp. 1852, p. 232, tab. 13, fig. 5.
3) DE MAN, in: Not. Leyden Mus., vol. 1, 1879, p. 55.

1. *Eurycarcinus maculatus* (A. MILNE-EDWARDS).

Pilumnopeus maculatus A. MILNE-EDWARDS, in: Annal. Soc. Entomol. France (4), T. 7, 1867, p. 277.

A. MILNE-EDWARDS, in: Nouv. Arch. Mus. H. N. Paris, T. 4, 1868, p. 82, tab. 19, fig. 17—19.

Eurycarcinus maculatus (A. M.-E.) DE MAN, in: Journ. Linn. Soc., vol. 22, 1888, p. 44, tab. 2, fig. 2 u. 3 (nicht fig. 4 u. 5).

Nach der Originalbeschreibung bei A. M.-E. soll der erste Zahn leicht ausgerandet sein, nach der Abbildung l. c. und nach DE MAN ist er abgestutzt. Vielleicht ist diese Art mit *Galene hawaiensis* DANA (Sandwich-Ins.) identisch.

a) 2 ♂, Ost-Australien. — Mus. GODEFFROY (vend.) 1888 (Sp.)

Verbreitung: Zanzibar (A. M.-E.); Mergui-Ins. (DE MAN).

Gattung: *Pilumnus* LEACH.

Uebersicht der mir vorliegenden Arten:

A. Vorderseitenrand ohne deutliche Zähne oder Dornen, höchstens mit Granulationen.
  B. Scheerenfinger ohne flügelartige Kiele.
    C. Cephalothorax am Rande und an der Stirn mit langer, seidenartiger Behaarung, ebenso Scheeren und Gehfüsse. *P. fimbriatus.*
    CC. Cephalothorax ohne seidenartige Behaarung, mit kürzeren, starren Borsten besetzt. *P. margaritatus.*
  BB. Scheerenfinger mit flügelartigen Kielen. *P. cristimanus.*
AA. Vorderseitenrand mit drei Zähnen.
  B. Scheerenfinger mit flügelartigen Kielen. *P. tahitensis.*
  BB. Scheerenfinger ohne flügelartige Kiele.
    C. Cephalothorax mit kurzem, dichtem Filz besetzt. *P. dehaani.*
    CC. Cephalothorax mit längern Haaren besetzt.
      D. Aeussere Orbitaecke dornförmig, wie die Zähne der Seitenränder. *P. hirsutus.*
      DD. Aeussere Orbitaecke nicht dornförmig, Zähne der Seitenränder dreieckig, nur die hintern mit dornartigen Spitzen.
        E. Cephalothorax mit langen, ziemlich steifen Haaren mittelmässig dicht besetzt. Hand der grossen

      Scheere mit spitzen, kräftigen Körnern, die
      deutliche Reihen bilden, besetzt, bis zum Un-
      terrand behaart.   *P. sluiteri.*
    EE. Cephalothorax dichter behaart, Haare schlaf-
      fer. Hand der grossen Scheere mit gerundeten
      Körnern, Unterhand unbehaart.
      F. Oberfläche des Cephalothorax besonders
        an den Seiten mit gruppenweise zu-
        sammenstehenden kräftigen Granulatio-
        nen. Aeussere Stirnlappen von den
        innern durch einen flachen Einschnitt
        getrennt.   *P. vespertilio.*
      FF. Oberfläche des Cephalothorax gleich-
        mässig granulirt. Einschnitt zwischen
        den äussern und innern Stirnlappen tief
        dreieckig.   *P. major.*
AAA. Vorderseitenränder mit 4 Zähnen.
  B. Supraorbitalrand glatt.   *P. hirtellus.*
  BB. Supraorbitalrand gezähnt.   *P. spinifer.*

1. *Pilumnus fimbriatus* MILNE-EDWARDS.

MILNE-EDWARDS, H. N. Cr., T. 1, 1834, p. 416.
HASWELL, Catal. Austral. Crust. 1882, p. 66, tab. 1, fig. 4.

  Mein Exemplar zeigt am Vorderseitenrand drei etwas stärkere Körnchen, die Antero-lateralzähne andeuten.
  a) 1 ♂, Liu-Kiu-Ins., Amami-Oshima. — DÖDERLEIN (coll.) 1880 (Sp.).
  Verbreitung: Australien (M.-E.): Port Molle (HASWELL).

2. *Pilumnus margaritatus* n. sp.

  Cephalothorax fast kreisrund (ähnlich *globosus* DANA), wie die Beine mit zahlreichen, nicht sehr langen, starren Haaren besetzt, nicht filzig. Oberfläche granulirt, die Körner gegen die Seitenränder stärker werdend.
  Stirnrand in zwei Lappen getheilt, diese gekörnt und **nicht** durch einen Einschnitt von dem obern Augenhöhlenrand getrennt. Letzterer ohne Körner. Unterer Augenhöhlenrand mit kräftigen Körnern. Aeussere Augenhöhlenecke dornförmig. Vorderseitenrand ohne jede Spur von Zähnen oder Dornen, nur mit Körnern besetzt.

Scheerenfüsse ungleich, kräftig. Aussenseite von Carpus und Hand gekörnt und behaart, die Haare auf der Aussenseite der grossen Hand verschwindend. Granulationen der Palma kräftig, die einzelnen Körner gerundet, dicht stehend, keine Reihen bildend. Körner der kleinen Hand etwas spitzer, in undeutlichen Reihen. Finger schwarz, die der grossen Hand kurz, ohne Furchen, fast glatt, die der kleinen etwas gefurcht und an der Basis gekörnt und behaart.

a) 1 ♂, 1 ♀, Tahiti. — Mus. GODEFFROY (vend.) 1888 (Sp.).

3. *Pilumnus cristimanus* A. MILNE-EDWARDS.

A. MILNE-EDWARDS, in: Nouv. Arch. Mus. H. N. Paris, T. 9, 1873, p. 251, tab. 9, fig. 5.

a) 1 ♀, Samoa-Ins. — Mus. GODEFFROY (vend.) 1888 (Sp.).
b) 1 ♂, Samoa-Ins — PÖHL (vend.) 1890 (Sp.).

Verbreitung: Neu-Caledonien (A. M.-E.); Samoa-Ins. (A. M.-E.).

4. *Pilumnus tahitensis* DE MAN.

DE MAN, in: Not. Leyden Mus., vol. 12. 1890, p. 61, tab. 3, fig. 4.

a) 2 ♀, Tahiti. — Mus. GODEFFROY (vend.) 1888 (Sp.).

Verbreitung: Tahiti (DE MAN).

5. *Pilumnus dehaani* MIERS.

MIERS, in: Proceed. Zool. Soc. London, 1879, p. 32.
MIERS, Chall. Brach., 1886, p. 155, tab. 14, fig. 1.

Die Körner auf der grossen Scheere des ♂ sind weniger dornförmig als beim ♀ (MIERS besass nur ♀).

a) 3 ♂, 1 ♀, Japan, Sagamibai, 50 Fad. — DÖDERLEIN (coll.) 1881 (Sp.).

Verbreitung: Japan: Tokiobai (MIERS); Philippinen, 18 Fad. (Chall.); Singapur (WALKER).

6. *Pilumnus hirsutus* STIMPSON.

STIMPSON, in: Proceed. Acad. Nat. Sc. Philadelphia, 1858, p. 37.
MIERS, in: Proceed. Zool. Soc. London, 1879, p. 31.
MIERS, Chall. Brach., 1886, p. 154.

Als charakteristische Merkmale, die mich veranlassen, die mir vorliegenden Exemplare zu *P. hirsutus* zu rechnen, nenne ich:

1) Cephalothorax und Beine behaart, nicht filzig.
2) Vorderseitenrand mit drei spitzen, dornartigen Zähnen hinter der ebenfalls dornartigen äussern Orbitaecke. (STIMPSON spricht von vier spitzen Zähnen, die Orbitaecke eingeschlossen.)

3) Unterer Orbitalrand gezähnelt, mit 3—4 kleinen, dornartigen Zähnchen.

4) Grosse Scheere in der obern Hälfte gekörnt und behaart, in der untern glatt. Kleine Scheere am Oberrand etwas dornig, aussen gekörnt und behaart.

Ferner ist zu bemerken: Cephalothorax mit kaum erkennbaren Granulationen (STIMPSON: *paene laevis*). Stirnrand durch eine mittlere und zwei seitliche Kerben in vier Lappen getheilt, die innern breit, granulirt, die äussern klein, dreieckig, von der innern Orbitaecke abgesetzt. Oberer Orbitalrand mit undeutlicher mittlerer Fissur. Auf der Subhepaticalgegend, unterhalb des Zwischenraumes zwischen Orbitaecke und erstem Zahn ein kleinerer, spitzer Zahn [1]). Scheerenfüsse ungleich, Carpus granulirt und behaart, unbeweglicher Finger deutlich, beweglicher undeutlich gezähnt, beide schwarz.

a) 2 ♂, 2 ♀, Japan, Kagoshima. — DÖDERLEIN (coll.) 1880 (Sp.).

Verbreitung: Nord-Chinesisches Meer (STIMPSON); Liu-Kiu-Ins. (STIMPSON); Korea-Strasse, 12—40 Fad. (MIERS); Japan: Kobi 50 Fad. (MIERS).

7. *Pilumnus sluiteri* DE MAN.

P. forskali DE MAN, in: Arch. f. Naturg., Jg. 53, Bd. 1, 1887, p. 295, tab. 12, fig. 1.

P. sluiteri DE MAN, Decap. Ind. Arch., in: WEBER, Zool. Ergebn. Reise in Niederl. Indien, Bd. 2, 1892, p. 283, tab. 15, fig. 2.

Mein Exemplar stimmt mit den ausführlichen Beschreibungen bei DE MAN gut überein. Dass die Art mit *P. forskali* MILNE-EDWARDS (H. N. Cr., T. 1, 1834, p. 419) angeblich vom Rothen Meer („Egypte") übereinstimmt, ist wohl ausgeschlossen. BARROIS (Cat. Crust. Azores, 1888, p. 13) führt den *P. forskali* M.-E. (= *incanus* FORSKAL) von den Azoren auf und giebt als geographische Verbreitung: „Canaries, Egypte, Mer rouge, Indes occid." an.

a) 1 ♀, ohne Fundort. — (Sp.).

Verbreitung: Java: Pulo Edam u. Ins. Enkhuizen (DE MAN).

8. *Pilumnus vespertilio* (FABRICIUS).

P. vespertilio (FABR.) MILNE-EDWARDS, H. N. Cr., T. 1, 1834, p. 418.
MILNE-EDWARDS, Atlas CUVIER Regn. anim. 1849, tab. 14, fig. 3.

---

1) MIERS spricht von einem accessorischen Dörnchen auf dem Anterolateralrand hinter der äussern Orbitaecke. Meine Exemplare besitzen hier ein Dörnchen, das etwas tiefer liegt, also auf der Subhepaticalgegend.

P. ursulus ADAMS et WHITE, Zool. Voy. Samarang, 1850, p. 45, tab. 9, fig. 6.
P. mus DANA, U. S. Expl. Exp. Crust., 1852, p. 240.
P. vespertilio (FABR.) HELLER, in: Sitz.-Ber. Ak. Wiss. Wien, Bd. 43, 1, 1861, p. 343.
P. ursulus AD. et WH., HESS, Decap. Kr.-Ost-Austral., 1865, p. 11, tab. 6, fig. 2.
P. vespertilio (FABR.) A. MILNE-EDWARDS, in: Nouv. Arch. Mus. H. N. Paris, T. 9, 1873, p. 242.
P. ursulus AD. et WH., KOSSMANN, Ergebn. Reise Rothes Meer, Bd. 1, 1877, p. 39.
P. vespertilio (FABR.) HILGENDORF, in: Mon.-Ber. Akad. Wiss. Berlin, 1878, p. 793.
MIERS, in: Ann. Mag. N. H. (5), vol. 5, 1880, p. 234.
HASWELL, Catal. Austral. Crust. 1882, p. 65.
DE MAN, in: Arch. f. Naturg., Jg. 53, Bd. 1, 1887, p. 295.
DE MAN, in: Journ. Linn. Soc. Zool., vol. 22, 1888, p. 58.

a) 1 ♂, Südsee. — 1847 (tr.).
b) 3 ♂, 2 ♀, Neu-Caledonien. — KRIEGER (coll.) 1867 (tr.).
c) 1 ♂, 1 ♀, ohne Fundort. — Linnaea (vend.) 1885 (Sp.).
d) 1 ♀, Palau-Ins. — PÖHL (vend.) 1890 (Sp.).
e) 3 ♂, Neu-Guinea, Kais. Wilhelms-Land. — Linnaea (vend.) 1891 (tr.).
f) 1 ♀, Südsee. — Mus. GODEFFROY (vend.) U. S. (tr.).

Verbreitung: Rothes Meer (HELLER, HLGDF., KOSSMANN): Suez (PFEFFER); Mozambique (HLGDF.); Ibo (HLGDF.); Madagascar: Nossi Faly (HOFFM.); Seychellen (RICHTERS); Mergui-Ins. (DE MAN); Singapur (WALKER); Gaspar-Strasse (STIMPSON); Java (MIERS): Ins. Edam (DE MAN); Liu-Kiu-Ins. (STIMPSON); Flores (THALLW.); Nord-Australien (HLGDF., HASWELL); Sydney (HESS); Neu-Caledonien (A. M.-E); Tongatabu (DANA); Samoa-Ins. (DANA).

9. *Pilumnus major* n. sp.

Cephalothorax 34 mm lang, 41 mm breit, vorn stark gewölbt, mit zahlreichen, dicht stehenden, feinen Körnern besetzt, die gegen die Seitenränder etwas kräftiger werden und auch auf den Zähnen des Vorderseitenrandes stehen. Oberfläche wie die Beine mit dicht stehenden, mittellangen braunen Haaren bedeckt, die ziemlich weich sind. Stirnrand von zwei mittlern, quer gerichteten, breitern Lappen gebildet und von zwei seitlichen, kleinen, dreieckigen Lappen. Letztere sind von den mittlern Lappen durch je eine tiefe, dreieckige Kerbe und von dem obern Augenhöhlenrand durch eine seichte Bucht getrennt.

Oberer Augenhöhlenrand mit zwei undeutlichen Fissuren. Unterer Augenhöhlenrand schwach granulirt, innere Ecke dreieckig. Aeussere Orbitaecke einen breit-dreieckigen Zahn bildend. Vorderseitenrand mit drei breit-dreieckigen, kräftigen Zähnen, der hinterste am spitzesten. Subhepaticalgegend mit Körnern, aber ohne eigentlichen Zahn.

Scheerenfüsse kräftig, der linke grösser. Carpus gekörnt und dicht behaart. Palma auf der ganzen Aussenfläche (auch am Unterrande) mit ungleichen, kräftigen, gerundeten Körnern besetzt, die nicht in Reihen stehen, obere Hälfte behaart. An der kleinen Scheere ist die ganze Aussenseite gekörnt und behaart. Finger der grossen Scheere schwach gefurcht, Schneiden mit kräftigen Zähnen.

Hintere Pereiopoden kräftig, besonders die distalen Glieder behaart.

Die grösste der bisher bekannten *Pilumnus*-Arten.

a) 1 ♂, Japan, Tokiobai. — DÖDERLEIN (coll.) 1880—81 (tr.).

10. *Pilumnus hirtellus* (PENNANT).

MILNE-EDWARDS, H. N. Cr., T. 1, 1834, p. 417.
BELL, Brit. Crust., 1853, p. 68.
HELLER, Crust. südl. Europ., 1863, p. 72, tab. 2, fig. 8.
CARUS, Prodrom. faun. medit., vol. 1, 1884, p. 513.
CZERNIAVSKY, Crust. Decap. Pontic., 1884, p. 184.

a) 1 ♂, Helgoland. — (Sp.).
b) 1 ♂, 1 ♀, Nizza. — MERCK (coll.) 1841 (Sp.).
c) 2 ♂, Brest. — 1848 (tr.).
d) 1 ♂, 1 ♀, Schottland. — G. SCHNEIDER (vend.) 1888 (tr.).
e) 1 ♀, Messina. — O. SCHMIDT (coll.) U. S. (tr.).

Verbreitung: Schweden: Bohuslän (GOES); Ostfriesische Inseln (METZGER); Helgoland (METZGER); England (BELL); Mittelmeer (HELLER, CARUS); Adria (HELLER, STOSSICH); Schwarzes Meer (CZERNIAVSKY).

11. *Pilumnus spinifer* MILNE-EDWARDS.

MILNE-EDWARDS, H. N. Cr, T. 1, 1834, p. 420.
HELLER, Crust. südl. Europ., 1863, p. 73.
CARUS, Prodr. faun. medit., vol. 1, 1884, p. 513.
CZERNIAVSKY, Crust. Decap. Pont., 1884, p. 188.

a) 1 ♀, Messina. — O. SCHMIDT (coll.) U. S. (tr.).
b) 3 ♂, 1 ♀, Neapel. — O. SCHMIDT (coll.) U. S. (Sp.).

Verbreitung: Mittelmeer (M.-E., HELLER, CARUS); Schwarzes Meer (CZERNIAVSKY).

Familie: *Xanthidae nov. fam.*

Unterfamilie: *Xanthinae.*

Uebersicht der mir vorliegenden Gattungen:
A. Merus der 2. Gnathopoden länger als breit, dreieckig. Abdomen des ♂ 7 gliedrig. *Homalaspis.*
B. Merus der 2. Gnathopoden nicht länger als breit, viereckig.
  I. Vorderseitenränder vielzähnig (mehr als 6 Zähne), einige Zähne noch auf den Hinterseitenrändern stehend. Stirn etwas vorspringend. Innere Antennen schräg. Abdomen des ♂ 5 gliedrig. *Cycloxanthus.*
  II. Vorderseitenrand mit weniger als 6 Zähnen, letztere oft undeutlich, lappenartig oder reducirt.
    a) Pereiopoden ohne Kiele.
      1) Orbita aussen mit einem Hiatus, der von zwei höckerartigen Zähnen gebildet wird. Abdomen des ♂ 7 gliedrig. *Halimede.*
      2) Orbita ohne äussern Hiatus.
        α) Cephalothorax nicht verbreitert, wenig gewölbt. Hinterseitenrand gerade. *Cymo.*
        β) Cephalothorax mehr weniger verbreitert, wenig gewölbt. Hinterseitenrand gerade.
          Xantho (mit *Xanthodes* u. *Leptodius*).
          Liomera.
          Lachnopodus.
        γ) Cephalothorax wenig verbreitert, stark gewölbt. Hinterseitenrand concav. *Actaea* u. *Banareia.*
    b) Pereiopoden mit Kielen.
      1) Seitenränder des Cephalothorax gekielt, aber die Zähne noch deutlich erkennbar, dreieckig-vorspringend. Oberfläche mehr weniger bucklig.
          Lophozozymus u. *Zozymus.*
      2) Seitenränder des Cephalothorax gekielt, der Kiel aus den zusammenfliessenden, abgestutzten Zähnen gebildet, die nur durch enge Kerben getrennt werden. Oberfläche bucklig.
          Lophactaea.
      3) Seitenränder des Cephalothorax gekielt, die einzelnen Zähne nicht mehr unterscheidbar. Oberfläche meist glatt.
          Atergatis.

Gattung: ***Homalaspis*** A. MILNE-EDWARDS.

in: Anal. Sc. Natur. Zool. (4), T. 20, 1863, p. 279.

1. *Homalaspis planus* (MILNE-EDWARDS).

Xantho planus MILNE-EDWARDS, H. N. Cr., T. 1, 1834, p. 397.
GAY, Histor. Chile Zool., T. 3, 1849, p. 136.
DANA, U. S. Expl. Exp., 1852, p. 171.

a) 1 ♂, Chile. — ACKERMANN (coll.) 1843 (Sp.).

Verbreitung: Chile (M.-E., GAY): Valparaiso (DANA); Chiloë (CUNNINGHAM).

Gattung: ***Cycloxanthus*** A. MILNE-EDWARDS.

in: Annal. Sc. Nat. Zool. (4), T. 20, 1863, p. 278.
in: Nouv. Arch. Mus. H. N. Paris, T. 9, 1873, p. 209.
in: Miss. Sc. Mexique, Rech. Zool., T. 5, 1881, p. 258.

1. *Cycloxanthus sexdecemdentatus* (MILNE-EDWARDS et LUCAS).

**Xanthus sexdecemdentatus* MILNE-EDWARDS et LUCAS, D'ORBIGNY's Voy. Amér. Sud Crust., p. 15, tab. 7, fig. 2.
GAY, Histor. Chile Zool., T. 3, 1849, p. 137.
Paraxanthus sexdecemdentatus (M.-E. Luc.) DANA, U. S. Expl. Exp., 1852, p. 172.

a) 1 ♂, Ecuador, Ancon-Golf. — REISS (coll.) 1874 (tr.).

Verbeitung: Chile (M.-E. et Luc.): Valparaiso (GAY, DANA); Peru: Callao (DANA).

Gattung: ***Halimede*** DE HAAN.

1. *Halimede fragifer* DE HAAN.

DE HAAN, Faun. japon., 1850, p. 47, tab. 13, fig. 4.

a) 1 ♂, Indischer Ocean. — Mus. GODEFFROY (vend.) 1888 (Sp.).

Verbreitung: Japan (DE HAAN); Hongkong (STIMPSON).

Gattung: ***Cymo*** DE HAAN.

1. *Cymo melanodactylus* DE HAAN.

DE HAAN, Faun. japon., 1850, p. 22.
DANA, U. S. Expl. Exp., 1852, p. 225, tab. 13, fig. 1.
A. MILNE-EDWARDS, in: Nouv. Arch. Mus. H. N. Paris, T. 9, 1873, p. 252.

Die Exemplare von Liu-Kiu haben theils schwarze, theils weisse Scheerenfinger.

a) 12 ♂, 13 ♀, Liu-Kiu-Ins., Amami Oshima. — DÖDERLEIN (coll.) 1880 (Sp.).

b) 4 ♀, Samoa-Ins. — Mus. GODEFFROY (vend.) 1888 (Sp.).

Verbreitung: Japan (DE HAAN); Hongkong (STIMPSON); Bonin-Ins. (STIMPSON); Neu-Caledonien (A. M.-E.); Fidji-Ins. (DANA).

2. *Cymo andreossyi* (SAVIGNY).

DE HAAN, Faun. japon., 1850, p. 22.
DANA, U. S. Expl. Exp., 1852, p. 225, tab. 13, fig. 2.
HELLER, in: Sitz.-Ber. Akad. Wiss. Wien, Bd. 43, 1, 1861, p. 346.
HELLER, Crust. Novara, 1865, p. 20.
A. MILNE-EDWARDS, in: Nouv. Arch. Mus. H. N. Paris, T. 9, 1873, p. 252.
DE MAN, in: Arch. f. Naturg., Jg. 53, Bd. 1, 1887, p. 291.
DE MAN, in: Journ. Linn. Soc. London Zool., vol. 22, 1888, p. 35.

Schon A. MILNE-EDWARDS und DE MAN halten diese Form nur für eine Varietät der vorigen. Ich bin zu derselben Meinung geneigt, und ebenso wird wohl auch *C. deplanatus* A. M.-E (in : Journ. Mus. GOD., Bd. 1, Hft. 4, 1873, p. 81) von Upolu hierher als Varietät zu ziehen sein.

a) 2 ♂, 1 ♀, Samoa-Ins. — Mus. GODEFFROY (vend.) 1888 (Sp.).

Verbreitung: Rothes Meer (HELLER); Mergui-Ins. (DE MAN); Java: Pulo Edam und Noordwachter (DE MAN); Bonin-Ins. (STIMPSON); Samoa-Ins. (DANA); Tahiti (DANA, HELLER).

3. *Cymo tuberculatus* n. sp.

Stimmt in der Körpergestalt mit der vorigen Art überein und unterscheidet sich nur durch kräftige, gerundete Warzen, die wieder granulirt sind, auf Carpus und Propodus der Scheerenfüsse. Auf der Hand stehen diese Warzen nur auf der obern Hälfte der Aussenseite, auf der untern Hälfte finden sich ähnliche Körner wie auf der ganzen Hand bei der vorigen Art.

a) 1 ♂, Malédiven, Malé Atoll. — G. SCHNEIDER (vend.) 1888 (Sp.).

Gattung: *Xantho* LEACH.

Die drei Gattungen: *Xantho*, *Xanthodes* und *Leptodius* vermag ich nicht scharf auseinanderzuhalten. *Leptodius* soll sich durch löffelförmige Fingerspitzen auszeichnen, ein typischer *Xantho* (*rivulosus*) hat aber ebenfalls löffelförmige Fingerspitzen. Bei *Xanthodes* soll das zweite Glied der äussern Antennen einen nach unten gerichteten Fortsatz der Stirn erreichen, bei *Xantho* soll es direct an die Stirn stossen: das für *Xanthodes* angegebene Verhältniss findet man jedoch auch bei Arten, die ohne Bedenken zu *Xantho* gestellt wurden (*X. impressus*). Auch die Gestalt des Cephalothorax ist für die Unterscheidung der Gattungen nicht zu verwenden: so hat z. B. *Xantho floridus* mit

Leptodius exaratus in der äussern Form eine ganz auffallende Aehnlichkeit, und der Typus der Gattung *Xanthodes* (*X. lamarcki*) zeigt in der äussern Körperform absolut keine auffälligen Unterschiede gegenüber echten Xanthen.

Die mir vorliegenden Arten lassen sich nach folgenden Merkmalen unterscheiden.

A. Vorderseitenränder je mit 4—5 deutlichen Zähnen oder Lappen.
  I. Aeussere Ecken der Stirn sich nicht oder nur etwas bogig nach unten neigend, um sich mit dem 2. Glied der äussern Antennen zu verbinden.
    a) Oberseite des Cephalothorax ziemlich flach, mit weniger deutlichen Feldern. Stirn horizontal.
      1) Fingerspitzen etwas löffelförmig. Cephalothorax stärker verbreitert.   *X. rivulosus.*
      2) Fingerspitzen nicht löffelförmig. Cephalothorax weniger verbreitert.   *X. pilipes.*
    b) Oberseite des Cephalothorax nach vorn etwas stärker gewölbt, mit deutlichern Feldern. Stirn abwärts geneigt.
      1) Fingerspitzen nicht löffelförmig, stumpflich, Vorderseitenrand 4zähnig, hintere Zähne stumpf-dreieckig.
                                                  X. floridus.
      2) Fingerspitzen deutlich löffelförmig. Vorderseitenrand 4—5zähnig, hintere Zähne dreieckig-abgeflacht, spitzer.
                                                  X. exaratus.
  II. Aeussere Ecken der Stirn mit einem im rechten Winkel nach unten gerichteten Fortsatz, der sich mit dem 2. Glied der äussern Antennen verbindet (*Xanthodes*).
    a) Vorderseitenränder mit etwas spitzen Zähnen. Oberfläche vorn deutlich gefeldert.
      1) Scheeren auf der Aussenseite mit Längsfurchen.
                                                  X. lamarcki.
      2) Scheeren ohne Längsfurchen.   *X. melanodactylus.*
    b) Vorderseitenränder mit stumpfen, geschwollenen, lappenförmigen Zähnen. Oberfläche vorn und hinten mit durch tiefe Furchen geschiedenen Feldern.   *X. impressus.*
B. Vorderseitenränder nur hinten mit zwei deutlichern Zähnen, vorn fast ganzrandig, gerundet. Oberfläche mit undeutlichen Feldern (Uebergang zur Gattung *Liomera*).
  I. Die beiden vordern Zähne des Vorderseitenrandes noch als kleine, stumpfe Vorsprünge erkennbar. Stirnrand einfach.
                                                  X. bidentatus.

II. Der zweite Zahn des Vorderseitenrandes noch erkennbar, der erste völlig fehlend. Stirnrand doppelt. X. *bifrons* n. sp.

1. *Xantho rivulosus* Risso.

Milne-Edwards, H. N. Cr., T. 1, 1834, p. 394.
Bell, Brit. Crust. 1853, p. 54.
Heller, Crust., südl. Europ., 1863, p. 66.
Carus, Prodr. faun. medit., vol. 1, 1884, p. 512.
Czerniavsky, Crust. Decap. Pontic., 1884, p. 200.

a) 1 ♀, ohne Fundort. — (Sp.).
b) 1 ♂, Nizza. — Merck (coll.) 1834 (Sp.).
c) 2 ♂, 6 ♀, Messina. — O. Schmidt (coll.) U. S. (tr. u. Sp.).

Verbreitung: Mittelmeer (M.-E., Heller, Carus); Adria (Heller, Stossich); Schwarzes Meer (Czerniavsky); W.-Küste Frankreichs (M.-E.); England (Bell); Kattegat (Meinert); Schweden: Bohuslän (Goes); Norwegen (G. O. Sars).

2. *Xantho pilipes* A. Milne-Edwards.

A. Milne-Edwards, in: Annal. Soc. Entomol. France (4), T. 7, 1867, p. 268.
Miers, in: Annal. Mag. N. H. (5), vol. 8, 1881, p. 213.

a) 1 ♀, Senegambien. — Linnaea (vend.) 1885 (Sp.).

Verbreitung: Senegambien (A. M.-E., Miers).

3. *Xantho floridus* (Montagu).

Milne-Edwards, H. N. Cr., T. 1, 1834, p. 394.
Milne-Edwards, Atlas Cuvier Regn. anim., 1849, tab. 11 bis, fig. 3.
Dana, U. S. Expl. Exp., 1852, p. 171.
Bell, Brit. Crust., 1853, p. 51.
Heller, Crust. südl. Europ., 1863, p. 67.
Carus, Prodr. faun. medit., vol. 1, 1884, p. 512.
Barrois, Catal. Crust. Açores, 1888, p. 10.

a) 1 ♀, England. — Mus. Paris (ded.) 1829 (tr.).
b) 1 ♂, Algier. — 1849 (Sp.).
c) 2 ♂, 2 ♀, Messina. — O. Schmidt (coll.) U. S. (tr. u. Sp.).
d) 3 ♂, Bretagne, Le Croisic. — Benecke (coll.) U. S. (Sp.).

Verbreitung: England (Bell); Frankreich (M.-E.); Mittelmeer (Heller, Carus); Adria (Heller, Stossich); Madeira (Dana); Azoren (Barrois).

4. *Xantho exaratus* (Milne-Edwards).
var. typica.

Chlorodius exaratus Milne-Edwards, H. N. Cr., T. 1, 1834, p. 402.
Xantho affinis v. H., Krauss, Südafrik. Crust. 1843, p. 30.

Cancer (Xantho) affinis DE HAAN, Faun. japon., 1850, p. 48, tab. 13, fig. 8.
Cancer (Xantho) lividus DE HAAN, ibid. p. 48, tab. 13, fig. 6.
Chlorodius exaratus M.-E., DANA, U. S. Expl. Exp., 1852, p. 208.
STIMPSON, in: Proceed. Acad. N. Sc. Philadelphia, 1858, p. 34.
Chlor. edwardsii HELLER, in: Verh. Zool.-bot. Ges. Wien, 1861, p. 8.
HELLER, in: Sitz.-Ber. Ak. Wiss. Wien, Bd. 43, 1, 1861, p. 336.
HILGENDORF, V. D. DECKEN's Reisen, Bd. 3, 1, 1869, p. 74, tab. 2, fig. 2.
Leptodius exaratus (M.-E.) A. MILNE-EDWARDS, in: Nouv. Arch. Mus. H. N. Paris, T. 9, 1873, p. 222.
Chlor. (Lept.) exaratus z. Th. KOSSMANN, Erg. Reise Rothes Meer, Bd. 1, 1877, p. 32.
HILGENDORF, in: Mon.-Ber. Ak. Wiss. Berlin, 1878, p. 790.
Leptodius exaratus (M.-E.) MIERS, in: Proceed. Zool. Soc. London, 1879, p. 31.
HASWELL, Catal. Austral. Crust., 1882, p. 60.
Lept. granulosus HASWELL, ibid., p. 61.
Lept. exaratus (M.-E.) DE MAN, in: Arch. f. Naturg., Jg. 53, Bd. 1, 1887, p. 285.
DE MAN, in: Journ. Linn. Soc. Zool., vol. 22, 1888, p. 33.
DE MAN, in: WEBER, Erg. Reise Niederl. Indien, Bd. 2, 1892, p. 278.

a) 1 ♀, Samoa-Ins., Upolu. — Mus. GODEFFROY (vend.) 1874 (tr.).
b) 4 ♂, 2 ♀, Japan, Tokiobai. — DÖDERLEIN (coll.) 1880—81 (Sp.).
c) 18 ♂, 5 ♀, Japan, Sagamibai, z. Th. 40 Fad. — DÖDERLEIN (coll.) 1881 (tr. u. Sp.).
d) 1 ♂, 1 ♀, Liu-Kiu-Ins., Amami Oshima. — DÖDERLEIN (coll.) 1880 (Sp.).
e) 2 ♂, Carolinen, Ponapé. — Mus. GODEFFROY (vend.) 1888 (Sp.).
f) 1 ♂, Fidji-Ins. — Mus. GODEFFROY (vend.) 1888 (Sp.).
g) 2 ♂, 1 ♀, Samoa-Ins. — Mus. GODEFFROY (vend.) 1888 (Sp.).
h) 2 ♂, Queensland, Rockhampton. — Mus. GODEFFROY (vend.) 1888 (Sp.).
i) 1 ♂, Rothes Meer. — G. SCHNEIDER (vend.) 1888 (Sp.).
k) 1 ♀, Japan, Nagasaki. — ROLLE (vend.) 1891 (tr.).

Verbreitung: Rothes Meer (HELLER, HILGENDORF): Massaua (KOSSMANN); Zanzibar (HLGDF.); Mozambique (HLGDF.); Natal (KRAUSS); Mauritius (RICHTERS); Mergui-Ins. (DE MAN); Java (DE MAN); Celebes (DE MAN); Hongkong (STIMPSON); Liu-Kiu-Ins. (STIMPSON); Japan (DE HAAN, MIERS): Simoda (STIMPSON); Bonin-Ins. (STIMPSON); Sandwich-Ins. (STIMPSON); Australien (HASWELL); Neu-Caledonien (A. M.-E., HILGENDORF).

var. *gracilis* (DANA).

Chlorodius gracilis DANA, U. S. Expl. Exp., 1852, p. 210, tab. 11, fig. 13.
STIMPSON, in: Proc. Acad. N. Sc. Philadelphia, 1858, p. 34.
Leptodius gracilis (DAN.) DE MAN, in: Arch. f. Naturg., Jg. 53, Bd. 1, 1887, p. 287, tab. 11, fig. 2.
DE MAN, in: Not. Leyd. Mus., vol. 12, 1890, p. 54.

a) 1 ♂, Samoa-Ins., Upolu. — Mus. GODEFFROY (vend.) 1874 (tr.).

Verbreitung: Java: Ins. Noordwachter (DE MAN); Hongkong (STIMPSON); Liu-Kiu-Ins. (STIMPSON); Carolinen: Ponapé (DE MAN); Wake-Ins. (DANA).

var. *sanguinea* (MILNE-EDWARDS).

Chlorodius sanguineus MILNE-EDWARDS, H. N. Cr., T. 1, 1834, p. 402.
Chlor. eudorus (HBST.) MILNE-EDWARDS, ibid.
Chlor. sanguineus M.-E., DANA, U. S. Expl. Exp., 1852, p. 207, tab. 11, fig. 11.
HELLER, Crust. Novara, 1865, p. 18.
Leptod. sanguineus (M.-E.) A. MILNE-EDWARDS, in: Nouv. Arch. Mus. H. N. Paris, T. 9, 1873, p. 224.
Chlor. (Lept.) exaratus var. sanguineus KOSSMANN, Erg. Reise Rothes Meer, Bd. 1, 1877, p. 32.
Lept. sanguineus (M.-E.) RICHTERS, Meeresf. Maur. Seych., 1880, p. 147.
HASWELL, Catal. Austral. Crust., 1882, p. 60.

a) 1 ♀, Samoa-Ins. — Mus. GODEFFROY (vend.) 1874 (tr.).
b) 1 ♂, 1 ♀, Liu-Kiu-Ins., Amami Oshima. — DÖDERLEIN (coll.) 1880 (Sp.).
c) 2 ♂, Carolinen, Ponapé. — Mus. GODEFFROY (vend.) 1888 (Sp.).
d) 1 ♀, Fidji-Ins. — Mus. GODEFFROY (vend.) 1888 (Sp.).
e) 1 ♂, 1 ♀, Samoa-Ins., Upolu. — Mus. GODEFFROY (vend.) 1888 (Sp.).
f) 1 ♂, 1 ♀, Rarotonga. — Mus. GODEFFROY (vend.) 1888 (Sp.).
g) 1 ♂, 1 ♀, Mauritius. — G. SCHNEIDER (vend.) 1888 (Sp.).
h) 1 ♂, Neu-Guinea, Kaiser Wilhelms-Land. — Linnaea (vend.) 1891 (tr.).

Verbreitung: Rothes Meer: Massaua (KOSSMANN); Mauritius (M.-E., RICHTERS); Réunion (A. M.-E.); Ceylon (HELLER, MÜLLER); Nicobaren (HELLER); Java (MIERS); Celebes (THALLWITZ); Australien (HASWELL); Neu-Seeland (M.-E.); Neu-Caledonien (A. M.-E.); Fidji-Ins. (DANA); Paumotu-Ins. (DANA); Sandwich-Ins. (DANA).

var. *nudipes* (DANA).

Chlorodius nudipes DANA, U. S. Expl. Exp., 1852, p. 209, tab. 11, fig. 12.

Leptod. nudip. A. MILNE-EDWARDS, in: Nouv. Arch. Mus. H. N. Paris, T. 9, 1873, p. 225.
DE MAN, in: Journ. Linn. Soc. London Zool., vol. 22, 1888, p. 33.

a) 1 ♂, Carolinen, Ponapé. — Mus. GODEFFROY (vend.) 1888 (Sp.).

Verbreitung: Mergui-Ins. (DE MAN); China: Mangsi-Ins. (DANA); Sandwich-Ins. (A. M.-E.); Neu-Caledonien (A. M.-E.); Neu-Seeland (A. M.-E.).

var. *crassimana* A. MILNE-EDWARDS.

Xantho crassimanus A. MILNE-EDWARDS, in: Ann. Soc. Entomol. France (4), T. 7, 1867, p. 267.
Lept. crassim. A. MILNE-EDWARDS, in: Nouv. Arch. Mus. H. N. Paris, T. 9, 1873, p. 226, tab. 11, fig. 4.
HASWELL, Catal. Austral. Crust. 1882, p. 61.
DE MAN, in: Arch. f. Naturg., Jg. 53, Bd. 1, 1887, p. 287.

a) 1 ♂, Australien. — Mus. GODEFFROY (vend.) 1874 (tr.).
b) 1 ♂, 1 ♀, Ost-Australien. — Mus. GODEFFROY (vend.) 1888 (Sp.).

Verbreitung: Ceylon: Trincomali (MÜLLER); Java: Ins. Edam und Noordwachter (DE MAN); Ost-Australien: Port Denison, Port Molle, Port Curtis (HASWELL); Neu-Caledonien (A. M.-E.).

5. *Xantho lamarcki* MILNE-EDWARDS.

Xantho lamarckii MILNE-EDWARDS, H. N. Cr., T. 1, 1834, p. 391.
Xantho cultrimanus WHITE, in: Proceed. Zool. Soc. London. vol. 15, 1847, p. 225.
WHITE, in: Ann. Mag. N. H. (2), vol. 2, 1848, p. 285.
ADAMS et WHITE, Zool. Voy. Samarang, 1850, p. 39.
Xanthodes granosomanus DANA, U. S. Expl. Exp., 1852, p. 175, tab. 8, fig. 10.
Xantho lamarckii M.-E., HELLER, Crust. Novara, 1865, p. 10.
Xantho granosomanus (DAN.) HELLER, ibid. p. 11.
Xanthodes lamarckii (M.-E.) A. MILNE-EDWARDS, in: Nouv. Arch. Mus. H. N. Paris, T. 9, 1873, p. 200, tab. 7, fig. 3.
HILGENDORF, in: Mon.-Ber. Ak. Wiss. Berlin, 1878, p. 789.
DE MAN, in: Arch. f. Naturg., Jg. 53, Bd. 1, 1887, p. 263.

a) 1 ♂, 1 ♀, Samoa-Ins., Upolu. — Mus. GODEFFROY (vend.) 1888 (tr.).

b) 2 ♂, 1 ♀, Neu-Guinea, Kaiser Wilhelms-Land. — Linnaea (vend.) 1891 (tr.).

Verbreitung: Ibo (HLGDF.); Mauritius (M.-E.); Réunion (HOFFMANN); Ceylon (MÜLLER); Madras (HELLER); Nicobaren (HELLER); Java (DE MAN); Philippinen (AD. et WH.); Neu-Caledonien (A. M.-E.); Samoa-Ins. (DANA).

6. Xantho melanodactylus A. MILNE-EDWARDS.

Xanthodes melanodactylus A. MILNE-EDWARDS, in: Nouv. Arch. Mus. H. N. Paris, T. 4, 1868, p. 60, tab. 17, fig. 1—3.
MIERS, in: Ann. Mag. N. H. (5), vol. 8, 1881, p. 212.
STUDER, in: Abh. Akad. Wiss. Berlin, 1882, p. 10.
MIERS, in: Chall. Brach., 1886, p. 128.

a) 1 ♂, Senegambien. — Linnaea (vend.) 1885 (Sp.).

Verbreitung: Azoren: Fayal, 50—90 Fad. (Chall.); Madeira (MIERS); Canarische Ins., 75 Fad. (Chall.); Cap Verde-Ins. (A. M.-E., STUDER, Chall.); Senegambien (MIERS); Ascension (MIERS).

7. Xantho impressus (LAMARCK).

MILNE-EDWARDS, H. N. Cr., T. 1, 1834, p. 393.
A. MILNE-EDWARDS, in: Nouv. Arch. Mus. H. N. Paris, T. 9, 1873, p. 198.
RICHTERS, Meeresf. Maur. Seych., 1880, p. 146, tab. 15, fig. 15 u. 16.
DE MAN, in: Journ. Linn. Soc. London Zool., vol. 22, 1888, p. 30.

RICHTERS giebt 7 gliedriges Abdomen beim ♂ an: mein Exemplar zeigt das 3., 4. und 5. Glied verwachsen, aber die Nähte noch deutlich.

a) 1 ♂, 1 ♀, Mauritius. — G. SCHNEIDER (vend.) 1876 (tr.).

Verbreitung: Mauritius (M.-E., RICHTERS); Réunion (HOFFM.); Ceylon: Trincomali (MÜLLER); Mergui-Ins. (DE MAN); Flores (THALLWITZ); Neu-Caledonien (A. M.-E.); Fidji und Upolu (nach Mus. GOD. cf. RICHTERS).

8. Xantho bidentatus A. MILNE-EDWARDS.

A. MILNE-EDWARDS, in: Annal. Soc. Entomol. France (4), T. 7, 1867, p. 266.
MIERS, Chall. Brach., 1886, p. 126, tab. 11, fig. 4.

A. MILNE-EDWARDS beschreibt (in: Miss. Mexique, 1881, p. 353, tab. 53, fig. 5, und Bull. Mus. Comp. Zool., vol. 8, 1880—82, p. 12) einen *Xanthodes bidentatus* von den Antillen. Da die vorliegende Art zu *Xanthodes* gehören würde, resp. *Xanthodes* mit *Xantho* zu vereinigen ist, muss die Antillen-Form neu benannt werden, da sie von der pacifischen verschieden ist.

a) 1 ♂, 1 ♀, Samoa-Ins., Upolu. — Mus. GODEFFROY (vend.) 1888 (Sp.).

b) 2 ♂ juv., Neu-Guinea, Kais. Wilhelms-Land. — Linnaea (vend.) 1891 (tr.).

Verbreitung: Philippinen: Samboangan (Chall.); Samoa-Ins. (MIERS); Sandwich-Ins. (A. M.-E.).

9. Xantho bifrons n. sp. (Taf. 17, Fig. 7).

Cephalothorax 23 mm lang, 35 mm breit. Oberfläche ganz undeutlich gefeldert. Stirnrand zweilappig, die Lappen etwas ausgeschweift. Parallel dem Stirnrand läuft oberhalb desselben eine granulirte Leiste, so dass der Rand doppelt erscheint. Orbiten gerundet, Ränder granulirt. Vorderseitenrand hinterwärts mit zwei deutlichen, dreieckigen, stumpfen Zähnen, vor diesen ist der zweite Zahn als eine deuliche, stumpfe Ecke erkennbar, der erste Zahn fehlt völlig, und der Seitenrand ist hier (zwischen der Orbita und dem zweiten Zahn) stumpf gerundet. Aeussere Orbitaecke nicht vorspringend. Oberfläche des Cephalothorax glatt, nur mit der Loupe erkennt man nach vorn und den Seiten zu feine Granulationen.

Zweites Glied der äussern Antennen an einen kurzen, abwärts gerichteten Fortsatz der Stirn stossend.

Erste Pereiopoden etwas ungleich, glatt, undeutlich zerstreutpunktirt, nur unter der Loupe fein granulirt. Carpus an der Innenseite mit einem stumpfen Dorn, aussen undeutlich gerunzelt. Hand ebenfalls an der Aussenseite undeutlich gerunzelt. Finger kürzer als die Hand, schwarz, mit Linien von vertieften Punkten. Schneiden stumpf-höckerig.

Hintere Pereiopoden gedrungen. Merus an der obern Kante mit einigen scharfen Körnern, Carpus und Propodus oben und aussen granulirt. Propodus und Dactylus etwas behaart.

a) 1 ♀, Ecuador, Ancon-Golf. — Reiss (coll.) 1874 (tr.).

Gattung: **Liomera** Dana.

Schliesst sich eng an *Xantho* an und unterscheidet sich nur durch die stumpfen, undeutlichen, gerundeten Seitenzähne und gering entwickelte Felderung des Cephalothorax. Auch ist der letztere meist auffällig verbreitert.

1. *Liomera cinctimana* (Adams et White).
Taf. 17, Fig. 8.

Carpilius cinctimanus Adams et White, Zool. Voy. Samarang, 1850, p. 37, tab. 7, fig. 4.
Liomera lata Dana, U. S. Expl. Exp., 1852, p. 161, tab. 7, fig. 6.
Liomera cinctimana (Ad. et Wh.) A. Milne-Edwards, in: Nouv. Arch. Mus. H. N. Paris, T. 1, 1865, p. 219.
Liomera lata Dana, A. Milne-Edwards, ibid. p. 220.
Heller, Crust. Novara, 1865, p. 9.

Liomera cinctimana (AD. et WH.) A. MILNE-EDWARDS, l. c. T. 9, 1873, p. 176, tab. 5, fig. 4.
Carpilodes cinctim. MIERS, in: Ann. Mag. N. H. (5), vol. 5, 1880, p. 234.

a) 2 ♂, ohne Fundort. — (tr. u. Sp.).
b) 2 ♂, 2 ♀ (juv.), Fidji-Ins. — Mus. GODEFFROY (vend.) 1888 (Sp.).
c) 2 ♂, 2 ♀, Samoa-Ins., Upolu. — Mus. GODEFFROY (vend.) 1888. (Sp.).
d) 1 ♂, 1 ♀, Tahiti. — Mus. GODEFFROY (vend.) 1888 (Sp.).

Verbreitung: Zanzibar (A. M.-E.); Seychellen (A. M.-E.); Mauritius (A. M.-E.); Ceylon: Trincomali (MÜLLER); Philippinen (AD. et WH.); Liu-Kiu-Ins. (STIMPSON); Neu-Caledonien (A. M.-E.); Fidji-Ins. (DANA); Tahiti (HELLER).

2. *Liomera punctata* (MILNE-EDWARDS).

Xantho punctatus MILNE-EDWARDS, H. N. Cr., T. 1, 1834, p. 396.
A. MILNE-EDWARDS, in: Nouv. Arch. Mus. H. N. Paris, T. 9, 1873, p. 199, tab. 7, fig. 6.
Liomera maculata HASWELL, Catal. Austral. Crust., 1882, p. 47.
L. punctata (M.-E.) DE MAN, in: Arch. f. Naturg., Jg. 53, Bd. 1, 1887, p. 238.
Xantho punctatus M.-E., DE MAN, in: Not. Leyd. Mus., vol. 12, 1890, p. 52, tab. 3, fig. 1.

a) 2 ♀, Malediven, Malé Atoll. — G. SCHNEIDER (vend.) 1888 (Sp.).
b) 1 ♂, 1 ♀, Fidji-Ins. — Mus. GODEFFROY (vend.) 1888 (Sp.).
c) 1 ♂, Samoa-Ins. — Mus. GODEFFROY (vend.) 1888 (Sp.).

Verbreitung: Rothes Meer (DE MAN); Mauritius (M.-E.); Java: Ins. Noordwachter (DE MAN); Amboina (DE MAN); Cap York (HASWELL); Neu-Caledonien (A. M.-E.).

3. *Liomera granosimana* A. MILNE-EDWARDS.

A. MILNE-EDWARDS, in: Nouv. Arch. Mus. H. N. Paris, T. 1, 1865, p. 222, tab. 11, fig. 5.
A. MILNE-EDWARDS, ibid. T. 9, 1873, p. 177.

a) 1 ♀, Tahiti. — Mus. GODEFFROY (vend.) 1888 (Sp.).

Verbreitung: Neu-Caledonien (A. M.-E.)

4. *Liomera richtersi* (DE MAN).

Actaeodes richtersii DE MAN, in: Zool. Jahrb., Bd. 4. 1889, p. 412, tab. 9, fig. 2.
DE MAN, in: Not. Leyd. Mus., vol. 12, 1890, p. 51.

a) 1 ♂, 1 ♀, Tahiti. — Mus. Godeffroy (vend.) 1888 (Sp.).
Verbreitung: Tahiti (de Man).

5. *Liomera pubescens* (Milne-Edwards).

Zozymus pubescens Milne-Edwards, H. N. Cr., T. 1, 1834, p. 384.
Liomera pubescens (M.-E.) A. Milne-Edwards, in: Nouv. Arch. Mus. H. N. Paris, T. 1, 1865, p. 223, tab. 12, fig. 6.
Actaeodes pubescens (M.-E.) Miers, in: Proceed. Zool. Soc., 1884, p. 10.
de Man, in: Not. Leyd. Mus., vol. 13, 1891, p. 4, tab. 1, fig. 1.

a) 1 ♂, 1 ♀, Fidji-Ins. — Mus. Godeffroy (vend.) 1888 (Sp.).
Verbreitung: Mauritius (M.-E., Miers); Fidji-Ins. (de Man).

6. *Liomera variolosa* A. Milne-Edwards.

Liomera variolosa A. Milne-Edwards, in: Journ. Mus. Godeffr., Bd. 1, 4, 1873, p. 79, tab. 1, fig. 5.
Actaeodes variolosus (A. M.-E.) de Man, in: Zool. Jahrb., Bd. 4, 1889, p. 418.

Meine Exemplare sind dieselbe No. (5835) des Mus. God. wie die Originale.

a) 3 ♂, 1 ♀, Samoa-Ins., Upolu. — Mus. Godeffroy (vend.) 1888 (Sp.).
Verbreitung: Samoa-Ins., Upolu (A. M.-E.).

Gattung: *Lachnopodus* Stimpson.

Unterscheidet sich von *Xantho* und *Liomera* durch die drei kleinen gerundeten Zähne am äussern Augenhöhlenrand, die enge Fissuren (aber keinen Hiatus!) zwischen sich zeigen, sowie durch die am obern Rande dornig-gezähnten Meren der Pereiopoden. Wegen dieser eigenthümlichen Bildung behalte ich *Lachnopodus* als Gattung bei; jedenfalls unterscheidet sie sich von *Liomera* und *Xantho* schärfer als diese beiden unter sich.

1. *Lachnopodus tahitensis* de Man.

Xantho (Lachnopodus) tahitensis de Man, in: Zoolog. Jahrb., Bd. 4, 1889, p. 418, tab. 9, fig. 4.

Bei meinem ♀ steht zwischen den beiden hintern Zähnen des Vorderseitenrandes noch je ein accessorischer, kleiner, spitzer Zahn. Im übrigen stimmen beide Exemplare mit der Beschreibung bei de Man überein. Länge des Cephalothorax: ♂ 35 mm, ♀ 30 mm; Breite: ♂ 54 mm, ♀ 47 mm.

a) 1 ♂, 1 ♀, Fidji-Ins. — Mus. Godeffroy (vend.) 1888 (Sp.).
Verbreitung: Tahiti (de Man).

Gattung: *Actaea* DE HAAN.

1. *Actaea tomentosa* (MILNE-EDWARDS).

Zozymus tomentosus MILNE-EDWARDS, H. N. Cr., T. 1, 1834, p. 385.
Actaeodes toment. DANA, U. S. Expl. Exp., 1852, p. 197.
HELLER, Sitz.-Ber. Ak. Wiss. Wien, Bd. 43, 1, 1861, p. 328.
Actaea toment. A. MILNE-EDWARDS, in: Nouv. Arch. Mus. H. N. Paris, T. 1, 1865, p. 262.
A. MILNE-EDWARDS, ibid. T. 9, 1873, p. 191.
Actaeodes toment. MIERS, in: Proceed. Zool. Soc. London, 1879, p. 30.
Actaea toment. HASWELL, Catal. Austral. Crust., 1882, p. 44.
Actaeodes toment. MIERS, Chall. Brach., 1886, p. 135.
DE MAN, in: Arch. f. Naturg., Jg. 53, Bd. 1, 1887, p. 252.

a) 1 ♂, ohne Fundort. — (Sp.).
b) 2 ♂, Südsee. — 1847 (tr.).
c) 1 ♂ juv., Mauritius. — G. SCHNEIDER (vend.) 1876 (tr.).
d) 1 ♂, 1 ♀, Südsee. — Mus. Bremen (ded.) 1886 (Sp.).
e) 1 ♂, Mauritius. — G. SCHNEIDER (vend.) 1888 (Sp.).
f) 1 ♂, 1 ♀, Malediven, Malé Atoll. — G. SCHNEIDER (vend.) 1888 (Sp.).

Verbreitung: Rothes Meer (HELLER); Mozambique (HLGDF.); Mauritius (HOFFM., RICHTERS); Nicobaren (HELLER); Java: Pulo Edam (DE MAN); Flores (THALLWITZ); Sulu-See (DANA); Philippinen: Samboangan (Chall.); Hongkong (STIMPSON); Liu-Kiu-Ins. (STIMPSON); Süd-Japan: Goto-Ins. (MIERS); Australien: Port Denison (HASWELL); Neu-Caledonien (A. M.-E.); Fidji-Ins. (DANA); Samoa-Ins. (DANA); Tahiti (HELLER).

2. *Actaea hirsutissima* (RÜPPELL).

Xantho hirsutissimus RÜPPELL, 24 Art. Krabb. Roth. Meer, 1830, p. 26, tab. 5, fig. 6.
MILNE-EDWARDS, N. H. Cr., T. 1, 1834, p. 389.
Actaea hirsut. DANA, U. S. Expl. Exp., 1852, p. 164.
HELLER, in: Sitz.-Ber. Ak. Wiss. Wien, Bd. 43, 1, 1861, p. 314.
A. MILNE-EDWARDS, in: Nouv. Arch. Mus. H. N. Paris, T. 1, 1865, p. 263.
HELLER, Crust. Novara, 1865, p. 9.
A. MILNE-EDWARDS, in: Nouv. Arch. Mus. H. N. Paris, T. 9, 1873, p. 191
KOSSMANN, Ergebn. Reise Roth. Meer, Bd. 1, 1877, p. 23.
DE MAN, in: Not. Leyd. Mus., vol. 2, 1880, p. 173.
DE MAN, ibid. vol. 3, 1881, p. 96.

a) 1 ♂, ohne Fundort. — (Sp.).
b) 2 ♂, Samoa-Ins. — Mus. GODEFFROY (vend.) 1888 (Sp.).

Verbreitung: Rothes Meer (RÜPPELL, HELLER, KOSSMANN): Djiddah (DE MAN); Seychellen (A. M.-E.); Mauritius (A. M.-E., RICHTERS); Neu-Caledonien (A. M.-E.); Samoa-Ins. (DANA); Tahiti (HELLER).

3. Actaea rufopunctata (MILNE-EDWARDS).

Xantho rufopunctatus MILNE-EDWARDS, H. N. Cr., T. 1, 1834, p. 389.
*LUCAS, Anim. artic. Algér., p. 11, tab. 2, fig. 1.
Actaea nodosa STIMPSON, in: Lyc. Nat. Hist. New York, 1858, p. 75.
Actaea rufop. HELLER, Cr. südl. Europ., 1863, p. 70.
A. nodosa ST., A. MILNE-EDWARDS, in: Nouv. Arch. Mus. H. N. Paris, T. 1, 1865, p. 268.
A. rufop. A. MILNE-EDWARDS, ibid. p. 268.
A. MILNE-EDWARDS, ibid., T. 4, 1868, p. 63, tab. 7, fig. 13—15.
DE MAN, in: Not. Leyd. Mus., vol. 2, 1880, p. 172.
DE MAN, ibid. vol. 3, 1881, p. 96.
MIERS, in: Proceed. Zool. Soc. London, 1881, p. 68.
CARUS, Prodr. faun. medit., vol. 1, 1884, p. 513.
MIERS, Chall. Brach., 1886, p. 122.

a) 1 ♀, Japan, Tokiobai. — DÖDERLEIN (coll.) 1880—81 (tr.).
b) 1 ♂, 1 ♀, Samoa-Ins. — Mus. GODEFFROY (vend.). 1888 (Sp.).

Verbreitung: Rothes Meer (HELLER): Djiddah (DE MAN); Mauritius (M.-E.); Réunion (HOFFM.); Algier (LUCAS); Canarische Ins. (HELLER, A. M.-E.); Cap Verde-Ins. (A. M.-E.); Brasilien (MIERS).

var. *nodosa*: Florida (STPS.); Antillen (STPS.): Guadeloupe (KINGSLEY); Bahia (Chall.).

4. Actaea rüppelli (KRAUSS).

Aegle rüppellii KRAUSS, Südafrik. Crust., 1843, p. 28, tab. 1, fig. 1.
Aegle rugata ADAMS et WHITE, Zool. Voy. Samarang, 1850, p. 43, tab. 8, fig. 5.
Actaea rugata (AD. WH.) A. MILNE-EDWARDS, in: Nouv. Arch. Mus. H. N. Paris, T. 1, 1865, p. 269.
Actaea rüppellii (KR.) A. MILNE-EDWARDS, ibid., p. 270.
HILGENDORF, v. D. DECKEN's Reisen, Bd. 3, 1, 1869, p. 73.
Act. rugata (AD. WH.) A. MILNE-EDWARDS, l. c., T. 9, 1873, p. 192.
Act. rüpp. HILGENDORF, in: Mon.-Ber. Ak. Wiss. Berlin, 1878, p. 787.
MIERS, in: Ann. Mag. N. H. (5), vol. 5, 1880, p. 232.
Actaea rufopunctata DE MAN: Arch. f. Naturg., Jg. 53, Bd. 1, 1887, p. 261.
DE MAN, in: Journ. Linn. Soc. London, vol. 22, 1888, p. 26.
Actaea rugata (AD. WH.) DE MAN, in: Not. Leyd. Mus., vol. 13, 1891, p. 1.
DE MAN, in: WEBER, Erg. Reise Niederl.-Indien, Bd. 2, 1892, p. 277.

a) 1 ♂, 1 ♀, Mauritius. — G. SCHNEIDER (vend.) 1888 (Sp.).
b) 1 ♂, Fidji-Ins. — Mus. GODEFFROY (vend.) 1888 (Sp.).
c) 1 ♂, Samoa-Ins. — Mus. GODEFFROY (vend.) 1888 (Sp.).
d) 1 ♂, Japan, Nagasaki. — ROLLE (vend.) 1891 (tr.).

Verbreitung: Natal (KRAUSS); Mozambique (HLGDF.); Zanzibar (HLGDF., A. M.-E.); Mauritius (A. M.-E.); Mergui-Ins. (D. M.); Singapur (WALKER); Java (D. M.); Celebes: Makassar (HLGDF.); Philippinen (AD. WH.); Neu-Caledonien (A. M.-E.); Samoa-Ins. (D. M.).

5. Actaea speciosa (DANA).

Actaeodes speciosus DANA, U. S. Expl. Exp., 1852, p. 198, tab. 11, fig. 4.
Actaeodes nodipes HELLER, in: Verh. Zool.-bot. Ges. Wien, 1861, p. 7.
HELLER, in: Sitz.-Ber. Ak. Wiss. Wien, Bd. 43, 1, 1861, p. 329, tab. 2, fig. 19.
Actaea speciosa (DANA) A. MILNE-EDWARDS, in: Nouv. Arch. Mus. Paris, T. 1, 1865, p. 274.
Actaea nodipes (HELL.) A. MILNE-EDWARDS, ibid.
Actaeodes nodipes HELLER, Crust. Novara, 1865, p. 17.
Actaea nodipes (HELL.) DE MAN, in: Not. Leyd. Mus., vol. 2, 1880, p. 172.

a) 1 ♂, 1 ♀, Samoa-Ins. — Mus. GODEFFROY (vend.) 1888 (Sp.).
b) 1 ♂, Malediven, Malé Atoll. — G. SCHNEIDER (vend.) 1888 (Sp.).

Verbreitung: Rothes Meer (HELLER): Djiddah (DE MAN); Zanzibar (A. M.-E.); Mozambique (A. M.-E.); Nicobaren (HELLER); Timor (THALLWITZ); Samoa-Ins. (DANA); Sandwich-Ins. (STIMPSON).

6. Actaea granulata (AUDOUIN).

Cancer savignyi MILNE-EDWARDS, H. N. Cr., T. 1, 1834, p. 378.
Cancer (Actaea) granulatus (AUD.) DE HAAN, Faun. japon., 1850, p. 47.
Actaea pura STIMPSON, in: Proceed. Acad. N. Sc. Philadelphia, 1858, p. 32.
Actaea granulata (AUD.) A. MILNE-EDWARDS, in: Nouv. Arch. Mus. Paris, T. 1, 1865, p. 275.
A. MILNE-EDWARDS, ibid., T. 9, 1873, p. 192.
A. savignyi (M.-E.) KOSSMANN, Erg. Reise Roth. Meer, Bd. 1, 1877, p. 25.
A. granulata (AUD.) MIERS, in: Proceed. Zool. Soc. London, 1879, p. 30.
HASWELL, Catal. Austral. Crust., 1882, p. 44.
MIERS, Chall. Brach., 1886, p. 120.

a) 3 ♂, 1 ♀, Japan, Sagamibai. — DÖDERLEIN (coll.) 1880 (tr. u. Sp.). Ein ♂ aus 50—100 Fad. Tiefe.

Verbreitung: Rothes Meer (M.-E., KOSSMANN); Mozambique (A.M.-E.); Mauritius (A. M.-E.); Japan (DE HAAN, MIERS); Hongkong (STIMPSON); Torres-Strasse (Chall.); Ost-Australien (STIMPSON, HASWELL); Neu-Caledonien (A. M.-E.).

7. Actaea polyacantha (HELLER).

Chlorodius polycanthus HELLER, in: Verh. Zool.-bot. Ges. Wien, 1861, p. 9.
HELLER, in: Sitz.-Ber. Ak. Wiss. Wien, Bd. 43, 1, 1861, p. 339, tab. 3, fig. 21.

Zeichnet sich durch dornige hintere Pereiopoden aus und nähert sich dadurch der *A. acantha* (M.-E.) (A. M.-E., in: Nouv. Arch., T. 1, 1865, p. 278, tab. 17, fig. 1).

a) 2 ♂, ohne Fundort. — Mus. GODEFFROY (vend.) 1888 (Sp.).

Verbreitung: Rothes Meer (HELLER).

8. *Actaea cavipes* (DANA).

Actaeodes cavipes DANA, U. S. Expl. Exp., 1852, p. 199, tab. 11, fig. 5.
Actaea cavipes (DAN.) A. MILNE-EDWARDS, in: Nouv. Arch. Mus. Paris, T. 1, 1865, p. 280.
A. MILNE-EDWARDS, ibid., T. 9, 1873, p. 193.

Meine Exemplare von Samoa sind typisch. Die andern zeigen auf der Oberfläche des Cephalothorax kleine Gruben (letztere auch bei einem Exemplar von Samoa an den Rändern vorhanden). Carpus der Scheerenfüsse bei den japanischen Exemplaren mit einer besonders grossen, gerundeten Grube, die bei den typischen Exemplaren nicht so hervortritt.

a) 1 ♀, Japan, Kagoshima. — DÖDERLEIN (coll.) 1880 (Sp.).

b) 1 ♀, Liu-Kiu-Ins., Amami Oshima. — DÖDERLEIN (coll.) 1880 (Sp.).

c) 3 ♂, 2 ♀, Samoa-Ins., Upolu. — Mus. GODEFFROY (vend.) 1888 (Sp.).

Verbreitung: Neu-Caledonien (A. M.-E.); Fidji-Ins. (DANA); Samoa-Ins. (DANA).

Gattung: *Banareia* A. MILNE-EDWARDS.

Banareia weicht nur durch die eigenthümliche Gestalt der Scheerenfinger von *Actaea* ab: die übrigen von A. MILNE-EDWARDS angegebenen Merkmale finden sich auch bei *Actaea*.

1. *Banareia armata* A. MILNE-EDWARDS.

in: Annal. Soc. Entomol. France (4), T. 9, 1869, p. 168, tab. 8.
in: Nouv. Arch. Mus. Paris, T. 9, 1873, p. 193.

a) 2 ♂, Malediven, Malé Atoll. — G. SCHNEIDER (vend.) 1888 (Sp.).

Verbreitung: Neu-Caledonien (A. M.-E.).

Gattung: *Lophozozymus* A. MILNE-EDWARDS.

1. *Lophozozymus cristatus* A. MILNE-EDWARDS.

in: Annal. Soc. Entomol. France (4), T. 7, 1867, p. 272.
in: Nouv. Arch. Mus. Paris, T. 9, 1873, p. 203, tab. 6, fig. 4.

Meine Exemplare stimmen mit dieser Art in der Körpergrösse, der Färbung etc. vollkommen. Die Antero-lateralzähne sind jedoch etwas geringer entwickelt, besonders die beiden vordern. Der Kiel auf der Oberseite der Hand ist nicht sehr scharf, die Aussenseite der Hand ist glatt und unbehaart.

Vielleicht ist *L. octodentatus* (M.-E., H. N. Cr., T. 1, 1834, p. 398) hierher zu ziehen.

a) 1 ♂, 1 ♀, Queensland, Port Denison. — Mus. GODEFFROY (vend.) 1888 (Sp.).

Verbreitung: Neu-Caledonien (A. M.-E.).

2. *Lophozozymus superbus* A. MILNE-EDWARDS.

A. MILNE-EDWARDS, in: Nouv. Arch. Mus. Paris, T. 9, 1873, p. 205.
DE MAN, in: Arch. f. Naturg., Jg. 53, Bd. 1, 1887, p. 269 Anmerk.
DE MAN, in: Not. Leyd. Mus., vol. 12, 1890, p. 53.

Nicht *Xantho superbus* DANA, der nach DE MAN identisch ist mit *L. incisus* (M.-E.).

Meine Exemplare unterscheiden sich von den von mir zu *L. cristatus* gerechneten: 1) durch die Färbung, die auf hellem Grunde grosse, mehr weniger zusammenfliessende Flecke zeigt; 2) durch das Fehlen des Kieles auf dem Oberrande der Palma; 3) durch etwas geringere Behaarung auf den Beinen und auf der Unterseite. — Merkmal 2 und 3 werden von A. MILNE-EDWARDS besonders hervorgehoben.

a) 1 ♂, 1 ♀, Samoa-Ins., Upolu. — Mus. GODEFFROY (vend.) 1888 (Sp.).

Verbreitung: Neu-Caledonien (A. M.-E.); Samoa: Upolu (DE MAN).

3. *Lophozozymus dodone* (HERBST).

Xantho radiatus MILNE-EDWARDS, H. N. Cr., T. 1, 1834, p. 398.
Atergatis lateralis und *Xantho lamelligera* WHITE, in: Proceed. Zool. Soc. London, 1847, p. 225, und in: Ann. Mag. N. H. (2), vol. 2, 1848, p. 285.
ADAMS et WHITE, Voy. Samarang, 1850, p. 39, tab. 8, fig. 1, u. p. 40.
Atergatis elegans HELLER, in: Verh. Zool.-bot. Ges. Wien, 1862, p. 519.
HELLER, Crust. Novara, 1865, p. 7, tab. 1, fig. 3.
Lophozozymus radiatus A. MILNE-EDWARDS, in: Nouv. Arch. Mus. Paris, T. 9, 1873, p. 206.
L. dodone (HBST.) HILGENDORF, in: Mon.-Ber. Akad. Wiss. Berlin, 1878, p. 789.
DE MAN, in: Arch. f. Naturg., Jg. 53, Bd. 1, 1887, p. 270, tab. 10, fig. 2.

var. glabra nov.

Meine Exemplare stimmen mit den Abbildungen gut überein, besonders mit DE MAN, l. c. fig. 2 u. 2a, jedoch weichen sie von den typischen Exemplaren durch glatten Cephalothorax und fast völlig glatte Scheeren ab: es lassen sich nur mit der Loupe ganz feine Körner auf Carpus und Palma bemerken. Durch diese Eigenschaft nähern sie sich dem *L. simplex* DE MAN (l. c. tab. 10, fig. 3), jedoch kommt die Gestalt der Scheere nicht mit der Abbildung des letztern (fig. 3a), sondern mit der von *dodone* (fig. 2a) überein. Auch die Kiele auf der Hand sind die von *dodone*. Die Scheerenfinger sind undeutlich gefurcht und schwarz gefärbt, wie bei *dodone*.

a) 2 ♂, 2 ♀, Fidji-Ins. — Mus. GODEFFROY (vend.) 1888 (Sp.).

Verbreitung: Ibo (HLGDF.); Mauritius (M.-E., AD. WH.); Amboina (DE MAN); Neu-Caledonien (A. M.-E.); Tahiti (HELLER).

4. *Lophozozymus pulchellus* A. MILNE-EDWARDS.

in: Ann. Soc. Entomol. France (4), T. 7, 1867, p. 273.
in: Nouv. Arch. Mus. Paris, T. 9, 1873, p. 205, tab. 6, fig. 3.

a) 1 ♀, Liu-Kiu-Ins., Amami Oshima. — DÖDERLEIN (coll.) 1880 (Sp.).

Verbreitung: Neu-Caledonien (A. M.-E.); Samoa-Ins. (A. M.-E.).

Gattung: *Zozymus* LEACH.

1. *Zozymus aeneus* (LINNÉ).

MILNE-EDWARDS, H. N. Cr., T. 1, 1834, p. 385.
DANA, U. S. Expl. Exp., 1852, p. 192, tab. 10, fig. 3.
HELLER, in: Sitz.-Ber. Ak. Wiss. Wien, Bd. 43, 1, 1861, p. 326.
A. MILNE-EDWARDS, in: Nouv. Arch. Mus. Paris, T. 9, 1873, p. 207.
HASWELL, Catal. Austral. Crust., 1882, p. 58.
MIERS, Chall. Brach., 1886, p. 134.

a) 1 ♂, ohne Fundort. — (Sp.).
b) 1 ♂, Indien. — Mus. Paris (ded.) 1842 (tr.).
c) 1 ♀, Indien. — 1847 (tr.).
d) 1 ♂, 1 ♀, Mauritius. — G. SCHNEIDER (vend.) 1876 (tr.).
e) 1 ♂, Samoa-Ins. — Mus. GODEFFROY (vend.) 1888 (Sp.).
f) 4 ♂, 3 ♀, Neu-Guinea, Kais. Wilhelms-Land. — Linnaea (vend.) 1891 (tr.).

Verbreitung: Rothes Meer (HELLER): Golf von Akaba (MIERS); Mauritius (HOFFM., RICHTERS); Réunion (HOFFM.); Ceylon: Trincomali (MÜLLER); Java (MIERS): Pulo Edam (DE MAN); Liu-Kiu Ins. (STPS.);

Celebes (THALLwitz); Flores (THALLW.); Timor (THALLW.); Neu-Guinea: Woodlark-Ins. (HASWELL); Neu-Caledonien (A. M.-E.); Fidji-Ins. (Chall.); Samoa-Ins. (DANA); Tahiti (STPS.); Paumotu-Ins. (DANA).

Gattung: *Lophactaea* A. MILNE-EDWARDS.

1. *Lophactaea granulosa* (RÜPPELL).

Xantho granulosus RÜPPELL, 24 Art. Krabb. Roth. Meer, 1830, p. 24, tab. 5, fig. 3.
Cancer limbatus MILNE-EDWARDS, H. N. Cr., T. 1, 1834, p. 377, tab. 16, fig. 1—3.
Atergatis limbatus M.-E., DANA, U. S. Expl. Exp. 1852, p. 157.
Lophactaea granulosa (RPP.) A. MILNE-EDWARDS, in: Nouv. Arch. Mus. Paris, T. 1, 1865, p. 247.
A. MILNE-EDWARDS, ibid., T. 9, 1873, p. 187.
HILGENDORF, in: Mon.-Ber. Ak. Wiss. Berlin, 1878, p. 787.
DE MAN, in: Not. Leyd. Mus., vol. 3, 1881, p. 95.
HASWELL, Catal. Austral. Crust., 1882, p. 43.
MIERS, Chall. Brach., 1886, p. 114.
DE MAN, in: Arch. f. Naturg., Jg. 53, Bd. 1, 1887, p. 246.

a) 3 ♂, Neu-Caledonien. — KRIEGER (coll.) 1867 (tr.).
b) 2 ♀, Samoa-Ins. — Mus. GODEFFROY (vend.) 1888 (Sp.).
c) 1 ♂, Südsee. — PÖHL (vend.) 1890 (Sp.).

Verbreitung: Rothes Meer: Massaua (RÜPP.), Djiddah (DE MAN); Zanzibar (A. M.-E.); Mozambique (HLGDF.); Java: Pulo Edam (DE MAN); Sulu-See (DANA); Flores (THALLWITZ); Queensland: Cap Grenville (HASWELL); Neu-Caledonien (A. M.-E.); Fidji-Ins. (DANA); Sandwich-Ins. (Chall.).

2. *Lophactaea semigranosa* (HELLER).

Atergatis semigranosus HELLER, in: Verh. Zool.-bot. Ges. Wien, 1861, p. 4.
HELLER, in: Sitz.-Ber. Ak. Wiss. Wien, Bd. 43, 1, 1861, p. 313.
Lophactaea semigranosa (HLL.) A. MILNE-EDWARDS, in: Nouv. Arch. Mus. Paris, T. 1, 1865, p. 248.
DE MAN, in: Arch. f. Naturg., Jg. 53, Bd. 1, 1887, p. 246, tab. 8, fig. 4.

a) 1 ♂ juv., Palau-Ins. — Mus. GODEFFROY (vend.) 1888 (Sp.).

Verbreitung: Rothes Meer: Tor (HELLER); Amboina (DE MAN).

3. *Lophactaea anaglypta* (HELLER).

Atergatis anaglyptus HELLER, in: Verh. Zool.-bot. Ges. Wien, 1861, p. 4.
HELLER, in: Sitz.-Ber. Ak. Wiss. Wien, Bd. 43, 1, 1861, p. 312, tab. 2, fig. 11. 12.

Lophactaea anaglypta (HLL.) A. MILNE-EDWARDS, in: Nouv. Arch. Mus. Paris, T. 1, 1865, p. 251.
A. MILNE-EDWARDS, ibid., T. 9, 1873, p. 190.
   a) 3 ♂, Samoa-Ins., Upolu. — Mus. GODEFFROY (vend.) 1888 (Sp.).
   V e r b r e i t u n g: Rothes Meer (HELLER); Neu-Caledonien (A. M.-E.).

Gattung: *Atergatis* DE HAAN.

Uebersicht der mir vorliegenden Arten:
A. Propodus des 2.—5. Beinpaares unterseits nicht scharf gekielt. Merus dieser Beinpaare unten mit zwei stumpfen Kielen, die sich proximal vor der Basis des Merus vereinigen und so ein länglich-dreieckiges Feld einschliessen.
  B. Aeussere Orbitaecke vom Beginn des Antero-lateralrandes durch eine seichte Kerbe getrennt. Oberfläche des Cephalothorax schwach bucklig. Hand glatt.   *A. floridus*.
  BB. Antero-lateralrand bis zur äussern Orbitaecke reichend. Oberfläche des Cephalothorax glatt, gegen die Ränder etwas rauh. Hand stark granulirt.   *A. montrouzieri*.
AA. Propodus des 2.—5. Beinpaares unten scharf gekielt. Merus unten mit zwei scharfen Kielen, die sich proximal nicht vereinigen. Antero-lateralrand bis zur äussern Orbitaecke reichend.
  B. Antero-lateralrand in den Postero-lateralrand allmählich übergehend.   *A. roseus*.
  BB. Antero-lateralrand gegen den Postero-lateralrand mit einer queren Leiste endigend.
    C. Oberfläche des Cephalothorax glatt, ohne deutlich begrenzte Regionen.   *A. integerrimus* u. Verwandte.
    CC. Oberfläche des Cephalothorax dicht runzlig, mit deutlicher begrenzten Regionen.   *A. reticulatus*.

1. *Atergatis floridus* (LINNÉ).

Cancer ocyroe HBST., MILNE-EDWARDS, H. N. Cr., T. 1, 1834, p. 375.
Atergatis floridus (L.) KRAUSS, Südafrik. Crust., 1843, p. 27.
DE HAAN, Faun. japon., 1850, p. 46.
DANA, U. S. Expl. Exp., 1852, p. 159, tab. 7, fig. 4.
A. MILNE-EDWARDS, in: Nouv. Arch. Mus. Paris, T. 1, 1865, p. 243.
HELLER, Crust. Novara, 1865, p. 8.
A. MILNE-EDWARDS, in: Nouv. Arch. Mus. Paris, T. 9, 1873, p. 186.
HASWELL, Catal. Austral. Crust., 1882, p. 41.
MIERS, Chall. Brach., 1886, p. 112.

DE MAN, in: Arch. f. Naturg., Jg. 53, Bd. 1, 1887, p. 245.
DE MAN, in: Journ. Linn. Soc. London Zool., vol. 22, 1888, p. 24.
  a) 2 ♀, ohne Fundort. — (tr.).
  b) 13 ♂, 10 ♀, Japan, Tokiobai. — DÖDERLEIN (coll.) 1880—81 (tr.).
  c) 3 ♂, Samoa-Ins. — Mus. GODEFFROY (vend.) 1888 (tr. u. Sp.).
  d) 3 ♂, 1 ♀, Neu-Guinea, Kais. Wilhelms-Land. — Linnaea (vend.) 1891 (tr.).

Verbreitung: Rothes Meer (A. M.-E.); Natal (KRAUSS); Ceylon: Trincomali (MÜLLER); Mergui-Ins. (DE MAN); Singapur (WALKER); Gaspar-Str. (STIMPSON); Java (MIERS): Pulo Edam und Noordwachter (DE MAN); Pulo Kondor (A. M.-E.); Liu-Kiu-Ins. (STIMPSON); Japan de HAAN); Philippinen: Cebu (Chall.); Amboina (MIERS, DE MAN); Ternate (Chall.); Flores (THALLWITZ); Timor (THALLWITZ); Port Denison (HASWELL); Neu-Caledonien (A. M.-E.); Tahiti (HELLER).

2. *Atergatis montrouzieri* A. MILNE-EDWARDS.
in: Nouv. Arch. Mus. Paris, T. 9, 1873, p. 186.

Die Kiele der Meren der Pereiopoden wie bei *A. floridus*. Beide Arten bilden eine besondere Gruppe in der Gattung. Mein Exemplar (♂) zeigt sämmtliche Abdomensegmente getrennt.
  a) 1 ♂, Japan, Tokiobai. — DÖDERLEIN (coll.) 1880—81 (tr.).
Verbreitung: Neu-Caledonien: Art-Ins. (A. M.-E.).

3. *Atergatis roseus* (RÜPPELL).
Cancer roseus (RÜPP.) MILNE-EDWARDS, H. N. Cr., T. 1, 1834, p. 374.
Cancer marginatus (RÜPP.) MILNE-EDWARDS, ibid., p. 375.
Atergatis marginatus (RÜPP.) KRAUSS, Südafrik. Crust., 1843, p. 28.
DANA, U. S. Expl. Exp., 1852, p. 158.
A. scrobiculatus HELLER, in: Verh. Zool.-bot. Ges. Wien, 1861, p. 3.
A. roseus (RÜPP.) HELLER, in: Sitz.-Ber. Ak. Wiss. Wien, Bd. 43, 1, 1861, p. 309.
A. scrobiculatus HELLER, ibid., p. 310.
A. roseus (RÜPP.) A. MILNE-EDWARDS, in: Nouv. Arch. Mus. Paris, T. 1, 1865, p. 239.
A. laevigatus A. MILNE-EDWARDS, ibid., p. 241, tab. 15, fig. 4, 4a.
A. scrobiculatus HELL., A. MILNE-EDWARDS, ibid., p. 242.
A. nitidus A. MILNE-EDWARDS, ibid., p. 243.
A. roseus (RÜPP.) KOSSMANN, Erg. Reise Roth. Meer, Bd. 1, 1877, p. 19.
RICHTERS, Meeresf. Maur. Seych., 1880, p. 145.
HASWELL, Catal. Austral. Crust., 1882, p. 42.
  a) 1 ♀, Neu-Caledonien. — KRIEGER (coll.) 1868 (tr.).
Verbreitung: Rothes Meer (RÜPP., HELLER, KOSSM.); Persischer

Golf (HELLER); Natal (KRAUSS); Mauritius (RICHT.); Malabar (A.M.-E.); Sulu-See (DANA); Torres-Strasse (HASWELL); Fidji-Ins. (A. M.-E.).

4. *Atergatis integerrimus* (LAMARCK).

var. *typica*:

Cancer integerrimus LMCK., MILNE-EDWARDS, H. N. Cr., T. 1, 1834, p. 374.
MILNE-EDWARDS, Atl. CUVIER Regn. anim., 1849, tab. 11 bis, fig. 1.
Atergatis subdivisus WHITE, in: Proceed. Zool. Soc. London, vol. 15, 1847, p. 224.
WHITE, in: Ann. Mag. N. H. (2), vol. 12, 1848, p. 284.
ADAMS et WHITE, Zool. Voy. Samarang, 1850, p. 38, tab. 8, fig. 3.
Cancer (Atergatis) integerrimus LMCK., DE HAAN, Faun. japon., 1850, p. 45, tab. 14, fig. 1.
Atergatis integerrimus (LMCK.) DANA, U. S. Expl. Exp., 1852, p. 158.
A. MILNE-EDWARDS, in: Nouv. Arch. Mus. Paris, T. 1, 1865, p. 235.
DE MAN, in: Arch. f. Naturg., Jg. 53, Bd. 1, 1887, p. 244.
DE MAN, in: Journ. Linn. Soc. Zool., vol. 22, 1888, p. 24.

a) 1 ♂ juv., ohne Fundort. — (tr.).
b) 1 ♂, Indien. — 1847 (tr.).
c) 1 ♂, Japan, Tokiobai. — DÖDERLEIN (coll.) 1880—81 (tr.).
d) 1 ♂, Samoa-Ins. — Mus. GODEFFROY (vend.) 1888 (Sp.).

Verbreitung: Zanzibar (A. M.-E.); Mauritius (RICHT.); Ceylon (A. M.-E., MÜLLER); Mergui-Ins. (DE MAN); Singapur (WALKER); Java MIERS); Insel Edam und Noordwachter (DE MAN); Pulo Kondor (A. M.-E.); Philippinen (WHITE); Hongkong (STIMPSON); Japan (DE HAAN).

var. *subdentata* DE HAAN.

Cancer (Atergatis) subdentatus DE HAAN, Faun. japon., 1850, p. 46, tab. 3, fig. 1.
A. MILNE-EDWARDS, in: Nouv. Arch. Mus. Paris, T. 1, 1865, p. 236.

Meine Exemplare unterscheiden sich sämmtlich vom typischen *integerrimus* durch die an den Seitenecken des Cephalothorax kurzzahnartig vorspringende Seitenkante, sowie durch den gerundeten Oberrand der Palma, der nur an der Basis eine schwache Spur eines Kieles zeigt. Jedoch finde ich bei meinem Exemplar d von *integerrimus* ebenfalls dieses letztere Verhältniss.

a) 4 ♂, 4 ♀, Japan, Tokiobai. — DÖDERLEIN (coll.) 1880—81 (tr.).
Verbreitung: Japan (DE HAAN).

var. *dilatata* DE HAAN.

DE HAAN, Faun. japon., 1850, p. 46, tab. 14, fig. 2.
A. MILNE-EDWARDS, in: Nouv. Arch. Mus. Paris, T. 1, 1865, p. 238.

A. MILNE-EDWARDS, ibid., T. 9, 1873, p. 183, tab. 5, fig. 6.
MÜLLER, in: Verh. Naturf. Ges. Basel, Bd. 8, 1890, p. 474.

Vom typischen *integerrimus* durch den an der äussern Ecke zahnartig (stärker als bei *subdentatus*) vorspringenden Antero-lateralrand verschieden. Oberrand der Palma scharf gekielt.

    a) 1 ♂ juv., Samoa-Ins., Upolu. — Mus. GODEFFROY (vend.) 1888 (Sp.).

    b) 1 ♂, Neu-Guinea, Kais. Wilhelms-Land. — Linnaea (vend.) 1891 (tr.).

Verbreitung: Chinesisches Meer (DE HAAN)[1]; Neu-Caledonien (A. M.-E.); Ceylon: Trincomali (MÜLLER).

5. Atergatis reticulatus DE HAAN.

DE HAAN, Faun. japon., 1850, p. 47, tab. 3, fig. 4.
A. MILNE-EDWARDS, in: Nouv. Arch. Mus. Paris, T. 1, 1865, p. 239.

    a) 4 ♂, 1 ♀, Japan, Tokiobai. — DÖDERLEIN (coll.) 1880—81 (tr.).

Verbreitung: Japan (DE HAAN).

Unterfamilie: *Carpilinae*.

A. Cephalothorax wenig verbreitert, wenig gewölbt, besonders hinten in der Querrichtung flach, nach vorn und den Seiten etwas geneigt. Vorderseitenrand deutlich gezähnt. Scheerenfinger löffelförmig.

  I. Cephalothorax auch hinterwärts mit Buckeln und Furchen.
                                                                    Phymodius.

  II. Cephalothorax hinten flach und glatt, nur vorn und an den Seiten mit Buckeln.   *Chlorodius.*

B. Cephalothorax meist stärker verbreitert, stärker gewölbt, nach vorn und den Seiten stark bogig-geneigt. Vorderseitenrand undeutlich gezähnt oder ungezähnt. Scheerenfinger spitz oder löffelförmig.

  I. Vorderseitenrand nach vorn unter der Orbita endigend.
    a) Pterygostomialregion ohne Höhlung.   *Euxanthus.*
    b) Pterygostomialregion mit einer grossen, ovalen Höhle.
                                                                        Hypocoelus.

  II. Vorderseitenrand an der äussern Orbitaecke endigend.
    a) Cephalothorax mit mehr weniger deutlichen Furchen. Seitenränder stumpf gelappt. Abdomen des ♂ 5 gliedrig.
                                                                           Carpilodes.

---

[1] Nicht Japan, wie A. MILNE-EDWARDS irrthümlich angiebt.

b) Cephalothorax oben ohne Furchen. Seitenränder stumpf, nur an der äussern Ecke ein stumpfer Zahn. Abdomen des ♂ 6 gliedrig. *Carpilius*[1]).

Gattung: **Phymodius** A. MILNE-EDWARDS.

1. *Phymodius ungulatus* (MILNE-EDWARDS).

Chlorodius ungulatus MILNE-EDWARDS, H. N. Cr., T. 1, 1834, p. 400, tab. 16, fig. 6—8.
Xantho dehaani KRAUSS, Südafr. Crust., 1843, p. 29, tab. 1, fig. 2.
Chlorodius areolatus ADAMS et WHITE, Zool. Voy. Samarang, 1850, p. 41, tab. 11, fig. 3.
Chl. ungulatus M.-E., DANA, U. S. Expl. Exp., 1852, p. 205, tab. 11, fig. 8.
Chl. monticulosus DANA, ibid., p. 206, tab. 11, fig. 9.
Chl. obscurus JACQUINOT et LUCAS, Voy. Pole Sud, Zool., T. 3, 1853, p. 26, tab. 3, fig. 4.
Chl. dehaani (KR.) HELLER, in: Sitz.-Ber. Ak. Wiss. Wien, Bd. 43, 1, 1861, p. 337.
HELLER, Crust. Novara, 1865, p. 9.
Phymodius ungulatus (M.-E.) A. MILNE-EDWARDS, in: Nouv. Arch. Mus. Paris, T. 9, 1873, p. 218.
Phym. obscurus (J. L.) A. MILNE-EDWARDS, ibid., p. 220.
Phym. ungulatus M.-E., HILGENDORF, in: Mon.-Ber. Ak. Wiss. Berlin, 1878, p. 790.
KOSSMANN, Ergebn. Reise Rothes Meer, Bd. 1, 1877, p. 34.
Ph. obscurus (J. L.) DE MAN, in: Not. Leyd. Mus., vol. 2, 1880, p. 174.
Ph. ungulatus (M.-E.) HASWELL, Catal. Austral. Crust., 1882, p. 59.
Ph. monticulosus (DAN.) MIERS, Chall. Brach., 1886, p. 139.

Die Bewehrung der Scheere hängt völlig von Alter und Geschlecht ab. Drei meiner Exemplare (2 ♀ von a und 1 ♀ von c) zeigen auf dem beweglichen Finger kleine Höcker: es sind dies junge ♀. Die Granulationen auf dem Cephalothorax fehlen gerade diesen Exemplaren, bei andern können sie auftreten, z. B. bei einem ♂ von d und dem ♂ e.

a) 2 ♂, 2 ♀, ohne Fundort. — (Sp.).
b) 1 ♂, 1 ♀, Samoa-Ins., Upolu. — Mus. GODEFFROY (vend.) 1874 (tr.).
c) 1 ♂, 1 ♀, Samoa-Ins. — Mus. Bremen (ded.). 1886 (Sp.).
d) 3 ♂, 2 ♀, Samoa-Ins. — Mus. GODEFFROY (vend.) 1888 (Sp.)
e) 1 ♂, Mauritius. — G. SCHNEIDER (vend.) 1888 (Sp.).

Verbreitung: Rothes Meer (HELLER, HLGDF., KOSSM.): Djiddah (DE MAN); Ibo (HLGDF.); Natal (KRAUSS); Madagascar: Nossi Faly

---

1) Aeusserer Lappen von g tief zweilappig, ein Merkmal, das sonst nicht vorkommt, vgl. Taf. 17, Fig. 10.

(Hoffm.); Mauritius (Richters); Ceylon: Trincomali (Müll.); Liu-Kiu-Ins. (Stimpson); Bonin-Ins. (Stimpson); Philippinen: Samboangan (Chall.); Australien: Port Denison (Haswell); Neu-Caledonien (A. M.-E.); Samoa-Ins. (Jacqu. Luc.); Tahiti (Stimpson, Heller).

Gattung: *Chlorodius* Leach, emend. A. M.-E.

1. *Chlorodius niger* (Forskal).

Chlorodius niger (Forsk.) Rüppell, 24 Krabb. Roth. Meer, 1830, p. 20, tab. 4, fig. 7.
Milne-Edwards, H. N. Cr., T. 1, 1834, p. 401.
Chl. hirtipes White, in: Proc. Zool. Soc. London, vol. 15, 1847, p. 226.
White, in: Ann. Mag. N. H. (2), vol. 2, 1848, p. 286.
Adams et White, Zool. Voy. Samarang, 1850, p. 40, tab. 11, fig. 4.
Chl. niger (Forsk.) Dana, U. S. Expl. Exp., 1852, p. 216, tab. 12, fig. 5.
Chl. cytherea Dana, ibid., p. 213, tab. 12, fig. 2.
Chl. nebulosus Dana, ibid., p. 214, tab. 12, fig. 3.
Chl. niger (F.) Heller, in: Sitz.-Ber. Ak. Wiss. Wien, Bd. 43, 1, 1861, p. 335.
Chl. depressus Heller, ibid., p. 338.
Heller, in: Verh. Zool.-bot. Ges. Wien, 1861, p. 9.
Chl. niger (F.) Heller, Crust. Novara 1865, p. 18.
Chl. depressus Hll., Hilgendorf, in: v. d. Decken's Reisen, Bd. 3, 1, 1869, p. 74.
Chl. niger (F.) A. Milne-Edwards, in: Nouv. Arch. Mus. Paris, T. 9, 1873, p. 214.
Kossmann, Erg. Reise Roth. Meer, Bd. 1, 1877, p. 34.
de Man, in: Not. Leyd. Mus., vol. 2, 1880, p. 174.
de Man, ibid., vol. 3, 1881, p. 98.
Haswell, Catal. Austral. Crust., 1882, p. 62.
Miers, in: Proceed. Zool. Soc. London, 1884, p. 11.
de Man, in: Arch. f. Naturg., Jg. 53, Bd. 1, 1887, p. 279.
de Man, in: Journ. Linn. Soc. Zool., vol. 22, 1888, p. 32.

a) 1 ♂, 1 ♀, Singapur. — 1874 (tr.).
b) 2 ♂, 4 ♀, 2 juv., Liu-Kiu-Ins., Amami Oshima. — Döderlein (coll.) 1880 (Sp.).
c) 2 ♂, 2 ♀, Fidji-Ins. — Mus. Godeffroy (vend.) 1888 (Sp.).
d) 1 ♀, Samoa-Ins., Upolu. — Mus. Godeffroy (vend.) 1888 (Sp.).
e) 1 ♂, 1 ♀, Rothes Meer. — Kossmann (coll.) U. S. (Sp.).

Verbreitung: Rothes Meer (Heller): Tor (Rüpp.), Djiddah (de Man); Zanzibar (Hlgdf.); Seychellen (A. M.-E., Richters); Madagascar (A. M.-E.); Mauritius (A. M.-E., Miers, Richt.); Réunion (A. M.-E.); Madras (Heller); Nicobaren (Heller); Mergui-Ins. (de Man); Java: Pulo Edam (de Man); Sulu-See (Dana); Philippinen (Ad. Wh.);

Liu-Kiu-Ins. (STIMPSON); Molukken: Halmahera (DE MAN); Amboina (DE MAN); Neu-Guinea (MIERS); Australien (A. M.-E.): Port Jackson, Darnley-Ins. (HASWELL); Neu-Caledonien (A. M.-E.); Fidji-Ins. (DANA); Tongatabu (DANA); Samoa-Ins. (DANA); Tahiti (DANA, STPS., HELL.); Paumotu-Ins. (DANA); Wake-Ins. (DANA); Sandwich-Ins. (DANA, STPS.).

2. *Chlorodius sculptus* A. MILNE-EDWARDS.

A. MILNE-EDWARDS, in: Nouv. Arch. Mus. Paris, T. 9, 1873, p. 217, tab. 8, fig. 4.
DE Man, in: Not. Leyd. Mus., vol. 3, 1881, p. 98.
DE Man, in: Arch. f. Naturg., Jg. 53, Bd. 1, 1887, p. 279.
DE Man, in: Journ. Linn. Soc. Zool., vol. 22, 1888, p. 32.

a) 2 ♂, 2 ♀, Samoa-Ins. — Mus. GODEFFROY (vend.) 1888 (Sp.).

Verbreitung: Rothes Meer: Djiddah (DE MAN); Seychellen (A. M.-E.); Mergui-Ins. (DE MAN); Java: Ins. Noordwachter (DE MAN); Neu-Caledonien (A. M.-E.); Samoa-Ins. (A. M.-E.).

Gattung: *Euxanthus* DANA.

1. *Euxanthus melissa* (HERBST) Taf. 17, Fig. 9.

Cancer mamillatus MILNE-EDWARDS, H. N. Cr., T. 1, 1834, p. 376.
Euxanthus nitidus DANA, U. S. Expl. Exp., 1852, p. 174, tab. 8, fig. 9.
Melissa mamillata (M.-E.) STRAHL, in: Arch. f. Naturg., Jg. 27, Bd. 1, 1861, p. 103.
Melissa nitida (DAN.) STRAHL, ibid.
Euxanthus mamillatus (M.-E.) A. MILNE-EDWARDS, in: Nouv. Arch. Mus. Paris, T. 1, 1865, p. 292, tab. 15, fig. 2.
Eux. melissa (HBST.) A. MILNE-EDWARDS, ibid., p. 293.
Eux. mamillatus (M.-E.) A. MILNE-EDWARDS, ibid., T. 9, 1873, p. 196.
HASWELL, Catal. Austral. Crust., 1882, p. 48.
DE MAN, in: Journ. Linn. Soc. Zool., vol. 22, 1888, p. 30.

a) 1 ♂, ohne Fundort. — (Sp.).
b) 1 ♂, Südsee. — Mus. GODEFFROY (vend.) 1888 (Sp.).

Verbreitung: Ceylon: Trincomali (MÜLLER); Mergui-Ins. (DE MAN); Gaspar-Strasse (STPS.); Pulo Kondor (A. M.-E.); Australien (A. M.-E., HASWELL); Neu-Caledonien (A. M.-E.); Fidji-Ins. (A. M.-E.); Tongatabu (A. M. E.).

2. *Euxanthus sculptilis* DANA.

Euxanthus sculptilis DANA, U. S. Expl. Exp., 1852, p. 173, tab. 8, fig. 8.
Cancer huonii JACQUINOT et LUCAS, Voy. Pole Sud, Zool., T. 3, Crust., 1853, p. 16, tab. 4, fig. 1.

Eux. huonii (J. L.) A. MILNE-EDWARDS, in: Nouv. Arch. Mus. Paris, T. 1, 1865, p. 290, tab. 15, fig. 1.
Eux. sculptilis DAN., A. MILNE-EDWARDS, ibid., p. 291.
Eux. huonii (J. L.) HASWELL, Catal. Austral. Crust., 1882, p. 47.
DE MAN, in: Arch. f. Naturg., Jg. 53, Bd. 1, 1887, p. 263.

a) 1 ♂, Samoa-Ins. — Mus. GODEFFROY (vend.) 1888 (Sp.).

Verbreitung: Amboina (DE MAN); Torres-Strasse (JACQ. LUC.); Queensland: Cap. Grenville (HASWELL); Fidji-Ins. (DANA); Tongatabu (DANA).

Gattung: *Hypocoelus* HELLER.

1. *Hypocoelus granulatus* (DE HAAN).

Cancer (*Xantho*) *granulatus* DE HAAN, Faun. japon., 1850, p. 65, tab. 18, fig. 3.
Hypocoelus granulatus (D. H.) A. MILNE-EDWARDS, in: Nouv. Arch. Mus. Paris, T. 1, 1865, p. 296, tab. 16, fig. 6.

a) 1 ♀, Japan, Tokiobai. — DÖDERLEIN (coll.) 1880—81 (tr.).

Verbreitung: Japan (DE HAAN).

Gattung: *Carpilodes* DANA.

1. *Carpilodes tristis* DANA.

DANA, U. S. Expl. Exp., 1852, p. 193, tab. 9, fig. 7.
A. MILNE-EDWARDS, in: Nouv. Arch. Mus. Paris, T. 1, 1865, p. 225.
HELLER, Crust. Novara, 1865, p. 17.
A. MILNE-EDWARDS, in: Nouv. Arch. Mus. Paris, T. 9, 1873, p. 178.
HASWELL, Catal. Austral. Crust., 1882, p. 56.
DE MAN, in: Not. Leyd. Mus., vol. 12, 1890, p. 50.

a) 1 ♂, 1 ♀, Singapur. — (tr.).
b) 1 ♂, 1 ♀, Südsee. — Mus. Bremen (ded.) 1886 (Sp.).

Verbreitung: Ceylon: Trincomali (MÜLLER); Australien: Torres-Strasse, Port Molle, Port Denison (HASWELL); Neu-Caledonien (A. M.-E.); Tahiti (HELLER, DE MAN); Paumotu-Ins. (DANA).

2. *Carpilodes venosus* (MILNE-EDWARDS).

Carpilius venosus MILNE-EDWARDS, H. N. Cr., T. 1, 1834, p. 383.
Xantho obtusus (D. H.) KRAUSS, Südafrik. Crust., 1843, p. 31.
DE HAAN, Faun. japon., 1850, p. 47, tab. 13, fig. 5.
Liomera obtusa (D. H.) STIMPSON, in: Proceed. Ac. N. Sc. Philadelphia, 1858, p. 32.
Carpilodes obtusus (D. H.) A. MILNE-EDWARDS, in: Nouv. Arch. Mus. Paris, T. 1, 1865, p. 227, tab. 12, fig. 2.

Carp. venosus (M.-E.) A. MILNE-EDWARDS, ibid., p. 227.
A. MILNE-EDWARDS, ibid., T. 9, 1873, p. 179.

Bei meinem japanischen Exemplar, das unzweifelhaft mit *X. obtusus* D. H. übereinstimmt, verlängert sich die Branchiohepaticalfurche nicht ganz bis zur Hepaticalfurche: *X. obtusus* ist deshalb mit *C. venosus* identisch.

    a) 1 ♂, Japan, Tokiobai. — DÖDERLEIN (coll.) 1880—81 (tr.).
    b) 1 ♂, 1 ♀, Tahiti. — Mus. GODEFFROY (vend.) 1888 (Sp.).

Verbreitung: Natal (KRAUSS); Mauritius (A. M.-E.); Pulo Kondor und Cochinchina (A. M.-E.); Liu-Kiu-Ins. (STPS.); Japan (DE HAAN); Neu-Caledonien (A. M.-E.).

3. *Carpilodes rugatus* (LATREILLE).

Zozymus rugatus (LATR.) MILNE-EDWARDS, H. N. Cr., T. 1, 1834, p. 385.
Carpilodes rugatus (LATR.) A. MILNE-EDWARDS, in: Nouv. Arch. Mus. Paris, T. 1, 1865, p. 230, tab. 12, fig. 3.
A. MILNE-EDWARDS, ibid., T. 9, 1873, p. 180.
RICHTERS, Meeresf. Maur. Seych., 1880, p. 146.

    a) 2 ♂, Tahiti. — Mus. GODEFFROY (vend.) 1888 (Sp.).

Verbreitung: Mauritius (RICHT.); Chinesisches Meer (A. M.-E.); Neu-Caledonien (A. M.-E.).

4. *Carpilodes ruber* A. MILNE-EDWARDS.

in: Nouv. Arch. Mus. Paris, T. 1, 1865, p. 228, tab. 11, fig. 4.

    a) 1 ♂, Samoa-Ins., Upolu. — Mus. GODEFFROY (vend.) 1888 (Sp.).

Verbreitung: Sandwich-Ins. (A. M.-E.).

Gattung: *Carpilius* LEACH.

1. *Carpilius corallinus* (HERBST).

MILNE-EDWARDS, H. N. Cr., T. 1, 1834, p. 381.
A. MILNE-EDWARDS, in: Nouv. Arch. Mus. Paris, T. 1, 1865, p. 216.
v. MARTENS, in: Arch. f. Naturg., Jg. 38, Bd. 1, 1872, p. 86.

    a) 1 ♀, Antillen. — Cab. HERMANN (tr.).
    b) 1 ♂, Guadeloupe. — Cab. HERMANN (tr.).
    c) 1 ♀, Guadeloupe. — Mus. Paris (ded.) 1829 (tr.).
    d) 1 ♂, Antillen. — Mus. Paris (ded.) 1842 (tr.).
    e) 2 ♂, 2 ♀, Antillen. — SCHIMPER (ded.) 1847 (tr.).
    f) 1 ♀, Brasilien. — 1874 (Sp.).
    g) 1 ♂, Cap Haiti — v. MALTZAN (vend.) 1889 (Sp.).

Verbreitung: Antillen (M.-E., A. M.-E.); Cuba (v. Mart.); Venezuela: Puerto Cabello (v. Mart.).

2. *Carpilius maculatus* (Linné).

Milne-Edwards, H. N. Cr., T. 1, 1834, p. 382.
Milne-Edwards, Atl. Cuvier Regn. anim., 1849, tab. 11, fig. 2.
Dana, U. S. Expl. Exp., 1852, p. 160.
A. Milne-Edwards, in: Nouv. Arch. Mus. Paris, T. 1, 1865, p. 214.
Hess, Decap. Kr. Ost-Austral., 1865, p. 7.
Heller, Crust. Novara, 1865, p. 9.
A. Milne-Edwards, in: Nouv. Arch. Mus. Paris, T. 9, 1873, p. 175.
Miers, Chall. Brach., 1886, p. 111.
de Man, in: Arch. f. Naturg., Jg. 53, Bd. 1, 1887, p. 231.

a) 2 juv., ohne Fundort. — (tr.).
b) 1 ♂, ohne Fundort. — (Sp.).
c) 1 ♂, ohne Fundort. — (tr.).
d) 1 ♀, Samoa-Ins. — Mus. Godeffroy (vend.) 1874 (tr.).

Verbreitung: Madagascar: Nossi Faly (Hoffm.); Mauritius (Richters); Ceylon: Trincomali (Müller); Flores (Thallw.); Timor (Thallw.); Celebes (Thallw.); Amboina (de Man); Philippinen (Dana); Sydney (Hess); Neu-Caledonien (A. M.-E.); Samoa-Ins. (Dana); Tahiti (Stimpson. Heller); Paumotu-Ins. (Dana); Sandwich-Ins. (Chall.).

3. *Carpilius convexus* (Forskal), Taf. 17, Fig. 10.

Carpilius convexus (F.) Milne-Edwards, H. N. Cr., T. 1, 1834, p. 382, tab. 16, fig. 9, 10.
C. lividus Gibbes, in: Proceed. Americ. Assoc., 1850, p. 174.
C. convexus (F.) Dana, U. S. Expl. Exp., 1852, p. 159, tab. 7, fig. 5.
Heller, in: Sitz.-Ber. Ak. Wiss. Wien, Bd. 43, 1, 1861, p. 319.
A. Milne-Edwards, in: Nouv. Arch. Mus. Paris, T. 1, 1865, p. 215.
Miers, in: Ann. Mag. N. H. (5), vol. 2, 1878, p. 407.
Haswell, Catal. Austral. Crust., 1882, p. 41.
de Man, in: Arch. f. Naturg., Jg. 53, Bd. 1, 1887, p. 232.

a) 1 ♂, 1 ♀, ohne Fundort. — (Sp.).
b) 1 ♂, ohne Fundort. — 1847 (tr.).
c) 1 ♂, Mauritius. — 1876 (tr.).
d) 1 ♀, Samoa-Ins. — Mus. Godeffroy (vend.) 1888 (Sp.).
e) 2 ♂, Neu-Guinea, Kais. Wilhelms-Land. — Linnaea (vend.) 1891 (tr.).
f) 2 ♀, Samoa-Ins. — Mus. Godeffroy (vend.) U. S. (tr. u. Sp.).

Verbreitung: Rothes Meer (Rüpp., M.-E., Hell.): Golf von Akaba (Miers); Ost-Afrika (Hlgdf.); Mauritius (Richters); Réunion

(HOFFM.); Ceylon (MÜLL.); Liu-Kiu-Ins. (STPS.); Amboina (DE MAN); Flores u. Timor (THALLW.); Australien (HASWELL); Neu-Caledonien (A. M.-E.); Fidji-Ins. (DANA); Tahiti (STIMPSON); Sandwich-Ins. (GIBBES, DANA).

Unterfamilie: Etisinae.

I. Innere Orbitaspalte durch einen Fortsatz des 2. Antennengliedes geschlossen, freier Teil der Antennen von der Orbita getrennt.
   a) Cephalothorax wenig verbreitert, Vorderseitenrand nicht länger als der Hinterseitenrand. Merus der 2. Gnathopoden am Vorderrand etwas ausgebuchtet. *Chlorodopsis.*
   b) Cephalothorax verbreitert, Vorderseitenrand länger als der Hinterseitenrand. Merus der 2. Gnathopoden nicht ausgebuchtet. *Etisodes.*

II. Innere Orbitaspalte durch Vereinigung des obern und untern Randes geschlossen. Aeussere Antennen ganz von der Orbita getrennt, 2. Glied mit keilförmigem Fortsatz in der Richtung nach der Orbita. *Etisus.*

Gattung: **Chlorodopsis** A. MILNE-EDWARDS.

1. *Chlorodopsis areolatus* (MILNE-EDWARDS).

Chlorodius areolatus MILNE-EDWARDS, H. N. Cr., T. 1, 1834, p. 400.
Chlorodopsis areolatus (M.-E.) A. MILNE-EDWARDS, in: Nouv. Arch. Mus. Paris, T. 9, 1873, p. 231, tab. 8, fig. 8.
HILGENDORF, in: Mon.-Ber. Ak. Wiss. Berlin, 1878, p. 790.
RICHTERS, Meeresf. Maur. Seych., 1880, p. 148.
HASWELL, Catal. Austral. Crust., 1882, p. 54.
DE MAN, in: Not. Leyd. Mus., vol. 12, 1890, p. 54.

a) 2 ♂, 1 ♀, Samoa-Ins. — Mus. GODEFFROY (vend.) 1874 (tr.).
b) 1 ♂ juv., Liu-Kiu-Ins., Amami Oshima. — DÖDERLEIN (coll.) 1880 (Sp.).
c) 1 ♂, 1 ♀, Samoa-Ins. — Mus. GODEFFROY (vend.) 1888 (Sp.).

Verbreitung: Ibo (HLGDF.); Mauritius (RICHTERS); Ceylon: Trincomali (MÜLLER); Australien (M.-E., HASWELL); Neu-Caledonien (A. M.-E.); Fidji-Ins. (DE MAN).

2. *Chlorodopsis pilumnoides* (WHITE).

Chlorodius pilumnoides WHITE, in: Proceed. Zool. Soc. London, 1847, p. 226.
WHITE, in: Ann. Mag. N. H. (2), vol. 2, 1848, p. 286.
ADAMS et WHITE, Zool. Voy. Samarang, 1850, p. 41, tab. 9, fig. 3.

Pilodius pilumnoides, (WH.) DANA, U. S. Expl. Exp., 1852, p. 221, tab. 12, fig. 10.
Chlorodopsis pilumnoides (WH.) DE MAN, in: Arch. f. Naturg., Jg. 53, Bd. 1, 1887, p. 281.
DE MAN, in: Journ. Linn. Soc. Zool., vol. 22, 1888, p. 35.
  a) 9 ♂, 8 ♀, Liu-Kiu-Ins., Amami Oshima. — DÖDERLEIN (coll.) 1880 (Sp.).
  b) 1 ♂, 3 ♀, Samoa-Ins, — Mus. GODEFFROY (vend.) 1888 (Sp.).
  c) 1 ♂, Malediven, Malé Atoll. — G. SCHNEIDER (vend.) 1888 (Sp.).
  Verbreitung: Mergui-Ins. (DE MAN); Singapur (AD. WH.); Amboina (DE MAN); Sulu-See (DANA); Philippinen (AD. WH.).

3. *Chlorodopsis melanochirus* A. MILNE-EDWARDS.

A. MILNE-EDWARDS, in: Nouv. Arch. Mus. Paris, T. 9, 1873, p. 228, tab. 8, fig. 5.
HASWELL, Catal. Austral. Crust., 1882, p. 55.
DE MAN, in: Arch. f. Naturg., Jg. 53, Bd. 1, 1887, p. 281.
  a) 1 ♂, 1 ♀, Fidji-Ins. — Mus. GODEFFROY (vend.) 1888 (Sp.).
  b) 1 ♂, Neu-Guinea, Kais. Wilhelms-Land. — Linnaea (vend.) 1891 (tr.).
  Verbreitung: Java (DE MAN); Amboina (DE MAN); Ost-Australien (HASWELL); Neu-Caledonien (A. M.-E.).

4. *Chlorodopsis spinipes* (HELLER).

Pilodius spinipes HELLER, in: Verh. Zool.-bot. Ges. Wien, 1861, p. 9.
HELLER, in: Sitz.-Ber. Ak. Wiss. Wien, Bd. 43, 1, 1861, p. 340, tab. 3, fig. 22.
Chlorodopsis spinipes (HLL.) A. MILNE-EDWARDS, in: Nouv. Arch. Mus. Paris, T. 9, 1873, p. 230, tab. 8, fig. 6.
DE MAN, in: Arch. f. Naturg., Jg. 53, Bd. 1, 1887, p. 282.
  a) 1 ♂, 1 ♀, Liu-Kiu-Ins., Amami Oshima. — DÖDERLEIN (coll.) 1880 (Sp.).
  b) 3 ♂, 1 ♀, Samoa-Ins. — Mus. GODEFFROY (vend.) 1888 (Sp.).
  Verbreitung: Rothes Meer (HELLER); Indien (A. M.-E.); Java: Batavia (DE MAN)[1]); Amboina (DE MAN); Neu-Caledonien (A. M.-E.).

Gattung: *Etisodes* DANA.

1. *Etisodes anaglyptus* (MILNE-EDWARDS).

Etisus anaglyptus MILNE-EDWARDS, H. N. Cr., T. 1, 1834, p. 411.

---

1) in: WEBER, Erg. Reise Niederl. Ind., Bd. 2, 1892, p. 278.

MILNE-EDWARDS, Atl. CUVIER Regn. anim., 1849, tab. 11, fig. 4.
Etisodes anagl. HASWELL, Catal. Austral. Crust., 1882, p. 55.
Etisus anagl. DE MAN, in: Not. Leyd. Mus., vol. 13, 1891, p. 7.
  a) 1 ♂, Samoa-Ins. — Mus. GODEFFROY (vend.) 1888 (Sp.).
  Verbreitung: Australien (M.-E.); Philippinen (MIERS) [1]); Flores (THALLWITZ); Timor (DE MAN); Samoa-Ins. (DE MAN).

2. *Etisodes rhynchophorus* A. MILNE-EDWARDS.

in: Nouv. Arch. Mus. Paris, T. 9, 1873, p. 235 Anmerk. 2.
  a) 4 ♂, Japan, Tokiobai. — DÖDERLEIN (coll.) 1880—81 (Sp.).
  Verbreitung: Japan (A. M.-E.).

3. *Etisodes dentatus* (HERBST).

Etisus dentatus (HBST.) MILNE-EDWARDS, H. N. Cr., T. 1, 1834, p. 411.
DANA, U. S. Expl. Exp., 1852, p. 185, tab. 10, fig. 2.
A. MILNE-EDWARDS, in: Nouv. Arch. Mus. Paris, T. 9, 1873, p. 233.
HASWELL, Catal. Austral. Crust., 1882, p. 53.

  Gehört zu *Etisodes* (so wie ich die Gattung fasse), da die innere Orbitaspalte vom 2. Glied der Antennen ausgefüllt wird. Die Orbitalränder nähern sich sehr stark, so dass hier der Uebergang zur Gattung *Etisus* vorliegt.
  a) 1 ♂, 2 ♀, Samoa-Ins. — Mus. GODEFFROY (vend.) 1888 (Sp.).
  Verbreitung: Natal (MIERS) [1]); Madagascar: Nossi Bé (LENZ u. RICHT.); Mauritius (HOFFM., RICHT.); Borneo: Balabac-Strasse (DANA); Torres-Strasse (HASWELL); Neu-Caledonien (A. M.-E.); Fidji-Ins. (DANA).

Gattung: *Etisus* MILNE-EDWARDS.

1. *Etisus utilis* JACQUINOT et LUCAS.

JACQUINOT et LUCAS, Voy. Pole Sud, Zool., T. 3, 1853, p. 27, tab. 2, fig. 6.
HELLER, Crust. Novara, 1865, p. 16.
A. MILNE-EDWARDS, in: Nouv. Arch. Mus. Paris, T. 9, 1873, p. 233.
LENZ u. RICHTERS, Beitr. Crust. Faun. Madagascar, 1881, p. 1.
  a) 1 ♂, Fidji-Ins. — Linnaea (vend.) 1887 (tr.).
  b) 1 ♂, 1 ♀, Neu-Guinea, Kais. Wilhelms-Land. — Linnaea (vend.) 1891 (tr.).
  Verbreitung: Madagascar: Nossi Bé (LENZ u. RICHT.); Nico-

---
[1]) Chall. Brach., 1886, p. 132.

baren (HELLER); Singapur (MIERS) [1]); Batavia (JACQ. LUC.); Pulo Kondor (A. M.-E.); Philippinen (MIERS) [1]); Neu-Caledonien (A. M.-E.).

2. *Etisus laevimanus* RANDALL.

Etisus laevimanus RANDALL, in: Journ. Acad. Nat. Sc. Philadelphia, vol. 8, 1839, p. 115.
DANA, U. S. Expl. Exp., 1852, p. 185, tab. 10, fig. 1.
E. macrodactylus JACQUINOT et LUCAS, Voy. Pole Sud, Zool., T. 3, 1853, p. 30, tab. 9, fig. 2.
E. convexus STIMPSON, in: Proceed. Ac. N. Sc. Philadelphia, 1858, p. 31.
E. maculatus HELLER, in: Verh. Zool.-bot. Ges. Wien, 1861, p. 7.
HELLER, in: Sitz.-Ber. Ak. Wiss. Wien, Bd. 43, 1, 1861, p. 332.
E. laevimanus RD., A. MILNE-EDWARDS, in: Nouv. Arch. Mus. Paris, T. 9, 1873, p. 234.
KOSSMANN, Erg. Reise Roth. Meer, Bd. 1, 1877, p. 30.
HILGENDORF, in: Mon.-Ber. Ak. Wiss. Berlin, 1878, p. 791.
E. maculatus HLL., DE MAN, in: Not. Leyd. Mus., vol. 2, 1880, p. 173.
E. laevimanus RD., DE MAN, ibid., vol. 3, 1881, p. 99.
HASWELL, Catal. Austral. Crust., 1882, p. 54.
MIERS, Chall. Brach., 1886, p. 132.
DE MAN, in: Arch. f. Naturg., Jg. 53, Bd. 1, 1887, p. 289.

a) 1 ♂, Neu-Caledonien. — KRIEGER (coll.) 1867 (tr.).
b) 1 ♂, Palau-Ins. — Mus. GODEFFROY (vend.) 1888 (Sp.).
c) 1 ♀, Mauritius. — G. SCHNEIDER (vend.) 1888 (Sp.).

Verbreitung: Rothes Meer (HELL., HLGDF., KOSSM.): Djiddah (DE MAN); Inhambane (HLGDF.); Madagascar: Nossi Faly (DE MAN); Mauritius (RICHT.); Ceylon: Trincomali (MÜLL.); Sumatra: Padang (DE MAN); Java: Pulo Edam u. Noordwachter (DE MAN); Cochinchina (A. M.-E.); Japan: Simoda (STPS.); Philippinen (HLGDF.); Molukken: Sula Besi (DE MAN), Salawati (HLGDF.); Timor (DE MAN); Queensland: Port Denison (HASWELL); Neu-Caledonien (A. M.-E.); Fidji-Ins. (DANA); Tonga-Ins. (Chall.); Paumotu-Ins.: Mangarewa (JACQ. LUC.); Sandwich-Ins. (RAND., DANA, Chall.).

Familie: *Oziidae nov. fam.*
Unterfamilie: *Panopaeinae.*

Eine heterogene Gruppe: *Daira* und *Actumnus* zeigen in der Körperform gewisse Beziehungen zu *Xanthidae* (*Actaea*).
a) Cephalothorax sehr stark gewölbt, Hinterseitenrand concav.
1) Gaumenleiste nur hinten deutlich. Merus des 2. Gnathopoden am Vorderrand mit einer Kerbe. *Daira.*

---
[1]) Chall. Brach., 1886, p. 131.

2) Gaumenleiste bis zum vordern Mundrand reichend. Merus des 2. Gnathopoden ohne Kerbe. *Actumnus*.
b) Cephalothorax wenig gewölbt, Hinterseitenrand gerade.
1) Cephalothorax verbreitert. Vorderseitenrand mit Zähnen.
Panopaeus.
2) Cephalothorax nicht verbreitert. Vorderseitenrand ungezähnt, nur der hinterste Zahn vorhanden. *Melia*.

Gattung: ***Daira*** DE HAAN.

Daira perlata (HERBST).

Lagostoma perlata (HBST.) MILNE-EDWARDS, H. N. Cr., T. 1, 1834, p. 387.
Daira variolosa DANA, U. S. Expl. Exp., 1852, p. 202, tab. 10, fig. 4.
Daira perlata (H.) A. MILNE-EDWARDS, Nouv. Arch. Mus. Paris, T. 1, 1865, p. 298.
HELLER, Crust. Novara, 1865, p. 18.
A. MILNE-EDWARDS, in: Nouv. Arch. Mus. Paris, T. 9, 1873, p. 196.

a) 1 ♀, ohne Fundort. — (Sp.).
b) 1 ♀, Mauritius. — G. SCHNEIDER (vend.) 1876 (tr.).
c) 6 ♂, 1 ♀, Liu-Kiu-Ins., Amami Oshima. — DÖDERLEIN (coll.) 1880 (Sp.).
d) 2 ♀, Fidji-Ins. — Linnaea (vend.) 1885 (tr.).
e) 1 ♀, Samoa-Ins. — Mus. GODEFFROY (vend.) 1888 (tr.).

Verbreitung: Mauritius (RICHTERS); Liu-Kiu-Ins. (STPS.); Flores (THALLWITZ); Timor (THALLWITZ); Neu-Guinea (HERKLOTS); Neu-Caledonien (A. M.-E.); Auckland (HELLER); Samoa-Ins. (DANA).

MILNE-EDWARDS giebt die Bretagne an, was unzweifelhaft unrichtig ist.

Gattung: ***Actumnus*** DANA.

1. *Actumnus setifer* (DE HAAN).

Cancer (Pilumnus) setifer DE HAAN, Faun. japon., 1850, p. 50, tab. 3, fig. 3.
Actumnus tomentosus DANA, U. S. Expl. Exp., 1852, p. 243, tab. 14, fig. 2.
A. MILNE-EDWARDS, in: Nouv. Arch. Mus. Paris, T. 1, 1865, p. 285.
Act. setifer (D. H.) A. MILNE-EDWARDS, ibid., p. 287, tab. 18, fig. 5.
Act. tomentosus D., A. MILNE-EDWARDS, ibid., T. 9, 1873, p. 194.
HASWELL, Catal. Austral. Crust., 1882, p. 73.
**Act. setifer* (D. H.) MIERS, Rep. Zool. Coll. Alert, 1884, p. 225.
DE MAN, in: Arch. f. Naturg., Jg. 53, Bd. 1, 1887, p. 262.
DE MAN, in: Journ. Linn. Soc. Zool., vol. 22, 1888, p. 47.

a) 1 ♀, Japan, Tokiobai. — DÖDERLEIN (coll.) 1880—81 (Sp.).

b) 4 ♂, 2 ♀, Japan, Kagoshima. — DÖDERLEIN (coll.) 1880 (Sp.).
c) 1 ♀ juv., Samoa-Ins. — Mus. GODEFFROY (vend.) 1888 (Sp.).
Verbreitung: Mauritius (RICHTERS); Mergui-Ins. (DE MAN); Singapur (WALKER); Java: Pulo Edam (DE MAN); Japan (DE HAAN); Cap York (HASWELL); Neu-Caledonien (A. M.-E.); Tahiti (DANA).

2. *Actumnus squamosus* (DE HAAN).

Cancer (Pilumnus) squamosus DE HAAN, Faun. japon., 1850, p. 50.
Actumnus squamosus (D. H.) A. MILNE-EDWARDS, in: Nouv. Arch. Mus. Paris, T. 1, 1865, p. 286, tab. 18, fig. 6.

a) 1 ♀, Japan, Sagamibai. — DÖDERLEIN (coll.) 1881 (Sp.).
Verbreitung: Japan (DE HAAN).

Gattung: *Panopaeus* MILNE-EDWARDS [1]).

1. *Panopaeus herbsti* MILNE-EDWARDS.

P. herbsti MILNE-EDWARDS, H. N. Cr., T. 1, 1834, p. 403.
P. occidentalis SAUSSURE, in: Mém. Soc. Ph. H. N. Genève, T. 14, 2, 1858, p. 431, tab. 1, fig. 6.
P. serratus SAUSSURE, ibid., p. 432, tab. 1, fig. 7.
P. herbsti, occidentalis, serratus v. MARTENS, in: Arch. f. Naturg., Jg. 38, Bd. 1, 1872, p. 89.
A. MILNE-EDWARDS, in: Miss. scient. Mexique, 1881, p. 308. 310. 311.
P. herbsti var. serratus MIERS, Chall. Brach., 1886, p. 129.

a) 1 ♂, ohne Fundort. — (Sp.).
b) 1 ♂, 1 ♀ (juv.), Amerika. — A. AGASSIZ (ded.) 1874 (tr.).
c) 3 ♂, 2 ♀, Haiti. — v. MALTZAN (vend.) 1889 (Sp.).
Verbreitung: Nord-Amerika (M.-E.): New York (GIBBES); Virginia (KINGSLEY); N.-Carolina (KINGSLEY); S.-Carolina (SMITH): Charleston (GIBBES); Florida (KINGSLEY): Key West (GIBBES, STIMPSON), Tanapa-Bay (IVES); Bermuda-Ins. (Chall.); Bahama-Ins. (SMITH); Antillen: Cuba (v. MARTENS); Guadeloupe (SAUSS.); Yukatan (IVES); Aspinwall (SMITH); Venezuela: Puerto Cabello (v. MARTENS); Brasilien (v. MART.): Bahia (A. M.-E.), Rio Janeiro (HELLER).

var. *americana* SAUSSURE.

SAUSSURE, l. c. p. 432, tab. 1, fig. 8.
v. MARTENS, l. c. p. 90.
A. MILNE-EDWARDS, l. c. p. 311.

---

[1]) Erst nachträglich kam mir die Arbeit von BENEDICT u. RATHBUN über diese Gattung (in: Proceed. Nation. Mus., vol. 14, 1891, p. 355—385) zu Gesicht. Uebrigens glaube ich, dass die Verfasser in der Unterscheidung der Arten viel zu weit gegangen sind.

a) 2 ♂ juv., Amerika. — A. AGASSIZ (ded.) 1874 (tr.).

Verbreitung: Guadeloupe (SAUSS.); Puerto Cabello (v. MART.)·

Gattung: *Melia* LATREILLE.

1. *Melia tesselata* (LATREILLE).

MILNE-EDWARDS, H. N. Cr., T. 1, 1834, p. 431, tab. 18, fig. 8. 9.
MILNE-EDWARDS, Atl. Cuvier Regn. anim., 1849, tab. 15, fig. 3.
DANA, U. S. Expl. Exp., 1852, p. 242, tab. 14, fig. 1.
RICHTERS, Beitr. Meeresf. Maur. Seych., 1880, p. 150, tab. 16, fig. 19—22.
DE MAN, in: Arch. f. Naturg., Jg. 53, Bd. 1, 1887, p. 326.

a) 1 ♀, Malediven, Malé Atoll. — G. SCHNEIDER (vend.). 1888 (Sp.).
b) 1 ♂, 2 ♀, Neu-Guinea, Kais. Wilhelms-Land. — Linnaea (vend.) 1891 (Sp.).

Verbreitung: Mauritius (M.-E., RICHT.); Amboina (DE MAN); Wake-Ins. (DANA).

Unterfamilie: *Oziinae*.

1) Letztes Sternalsegment vom Abdomen verdeckt. Orificien des ♂ in den Coxen der 5 Pereiopoden.
   a) Cephalothorax wenig verbreitert, etwas gewölbt. *Ozius*.
   b) Cephalothorax stärker verbreitert, flacher. *Epixanthus*.
2) Letztes Sternalsegment das 2. Abdomenglied seitlich überragend. Orificien des ♂ in Sternalkerben [1]). *Eurytium*.

Gattung: *Ozius* MILNE-EDWARDS.

1. *Ozius guttatus* MILNE-EDWARDS.

O. guttatus MILNE-EDWARDS, H. N. Cr., T. 1, 1834, p. 406.
O. speciosus HILGENDORF, in: v. D. DECKEN's Reise, Bd. 3, 1, 1869, p. 74, tab. 2, fig. 1.
O. guttatus M.-E., A. MILNE-EDWARDS, in: Nouv. Arch. Mus. Paris, T. 9, 1873, p. 239, tab. 11, fig. 1.
HASWELL, Catal. Austral Crust., 1882, p. 64.
DE MAN, in: Arch. f. Naturg., Jg. 53, Bd. 1, 1887, p. 291.

a) 1 ♂, Samoa-Ins., Upolu. — Mus. GODEFFROY (vend.) 1888 (Sp.).

Verbreitung: Rothes Meer (A. M.-E.); Zanzibar (HLGDF.); Mauritius (HOFFM.); Java: Batavia (A. M.-E.), Ins. Noordwachter (DE MAN); Australien (M.-E.): Torres-Strasse (A. M.-E.), Port Denison, Port Curtis (HASWELL); Neu-Caledonien (A. M.-E.).

---

1) Aehnliches kommt schon bei gewissen *Panopaeus*-Arten vor. Diese Gruppe bildet die Wurzeln der Catametopa.

2. *Ozius rugulosus* STIMPSON.

STIMPSON, in: Proceed. Acad. Nat. Sc. Philadelphia, 1858, p. 34.
HELLER, Crust. Novara, 1865, p. 22, tab. 3, fig. 1.
A. MILNE-EDWARDS, in: Nouv. Arch. Mus. Paris, T. 9, 1873, p. 240, tab. 11, fig. 3.
HASWELL, Catal. Austral. Crust., 1882, p. 63.

a) 2 ♂, 2 ♀, Samoa-Ins. — Mus. GODEFFROY (vend.) 1888 (Sp.).

Verbreitung: Nicobaren (HELLER); Bonin-Ins. (STPS.); Port Denison (HASWELL); Neu-Caledonien (A. M.-E.); Tahiti HELLER).

3. *Ozius truncatus* MILNE-EDWARDS.

MILNE-EDWARDS, H. N. Cr., T. 1, 1834, p. 406, tab. 16, fig. 11.
DANA, U. S. Expl. Exp., 1852, p. 230, tab. 13, fig. 4.
HESS, Decap. Krebse Ost-Austral., 1865, p. 10.
HASWELL, Catal. Austral. Crust., 1882, p. 63.

a) 1 ♂, 2 ♀, Queensland, Rockhampton. — Mus. GODEFFROY (vend.) 1888 (Sp.).

Verbreitung: Australien: Port Jackson (STPS., HASWELL), Sydney (HESS), N.-S.-Wales (DANA); Neu-Seeland (DANA, HASWELL).

Gattung: *Epixanthus* HELLER.

1. *Epixanthus frontalis* (MILNE-EDWARDS).

Ozius frontalis MILNE-EDWARDS, H. N. Cr., T. 1, 1834, p. 406.
KRAUSS, Südafrik. Crust., 1843, p. 31.
Epixanthus kotschii HELLER, in: Sitz.-Ber. Ak. Wiss. Wien, Bd. 43, 1, 1861, p. 325, tab. 2, fig. 14. 15.
Epix. frontalis (M.-E.) HELLER, Crust. Novara, 1865, p. 20.
Ozius front. HILGENDORF, in: v. D. DECKEN's Reise, Bd. 3, 1, 1869, p. 75.
Epix. front. A. MILNE-EDWARDS, in: Nouv. Arch. Mus. Paris, T. 9, 1873, p. 241.
KOSSMANN, Erg. Reise Roth. Meer, Bd. 1, 1877, p. 36.
RICHTERS, Meeresf. Maur. Seych., 1880, p. 148, tab. 16, fig. 16.
Ozius sp. HASWELL, Catal. Austral. Crust., 1882, p. 64.
Epix. front. DE MAN, in: Arch. f. Naturg., Jg. 53, Bd. 1, 1887, p. 292.
DE MAN, in: Journ. Linn. Soc. Zool., vol. 22, 1888, p. 46.
DE MAN, in: Not. Leyd. Mus., vol. 13, 1891, tab. 2, fig. 4.

a) 22 ♂, 11 ♀, Liu-Kiu-Ins., Amami Oshima. — DÖDERLEIN (coll.) 1880 (Sp.).

b) 1 ♂, 3 ♀, Sydney. — Mus. GODEFFROY (vend.) 1888 (Sp.).

Verbreitung: Rothes Meer (KOSSMANN); Persischer Golf: Charak-Ins. (HELLER); Zanzibar (HLGDF.); Natal (KRAUSS); Madagascar: Nossi Bé und Nossi Faly (HOFFM.); Seychellen (RICHT.);

Tranquebar (M.-E.); Ceylon: Trincomali (MÜLL.); Nicobaren (HELLER); Mergui-Ins. (DE MAN); Java: Ins. Noordwachter (DE MAN); Hongkong (STIMPSON); Liu-Kiu-Ins. (STIMPSON); Philippinen: Luzon (HLGDF.); Port Denison (HASWELL); Neu-Caledonien (A. M.-E.).

2. *Epixanthus dentatus* (WHITE).

Panopaeus dentatus WHITE, in: Proceed. Zool. Soc. London, 1847, p. 226.
WHITE, in: Ann. Mag. N. H. (2), vol. 2, 1848, p. 286.
ADAMS et WHITE, Zool. Voy. Samarang, 1850, p. 41, tab. 11, fig. 1.
Epixanthus dilatatus DE MAN, in: Not. Leyd. Mus., vol. 1, 1879, p. 58.
Ep. dentatus (WH.) MIERS, in: Ann. Mag. N. H. (5), vol. 5, 1880, p. 233.
Panopaeus acutidens HASWELL, Catal. Austral. Crust., 1882, p. 51, tab. 1, fig. 2.
Ep. dentatus (WH.) DE MAN, in: Journ. Linn. Soc. Zool., vol. 22, 1888, p. 46.

a) 1 ♀, ohne Fundort. — 1847 (tr.).
b) 1 ♀, Fidji Levu. — Mus. GODEFFROY (vend.) 1888 (Sp.).

Verbreitung: Mergui-Ins. (DE MAN); Java (DE MAN, MIERS); Philippinen (AD. WH.); Port Darwin (HASWELL).

Gattung: *Eurytium* STIMPSON [1]).

1. *Eurytium limosum* (SAY).

Panopaeus limosus (SAY) MILNE-EDWARDS, H. N. Cr., T. 1, 1834, p. 404.
Eurytium limosum (SAY) A. MILNE-EDWARDS, Miss. Mexique, 1881, p. 322, tab. 60, fig. 2.
MIERS, in: Chall. Brach., 1886, p. 141.

a) 1 ♂, Nord-Amerika. — Mus. Paris (ded.) 1842 (tr.).
b) 2 ♂, Haiti. — v. MALTZAN (vend.) 1889 (Sp.).

Verbreitung: New York (GIBBES); S.-Carolina (GIBBES); Florida (KINGSLEY); Key West (GIBBES); Bermuda-Ins. (Chall.); Haiti (KINGSLEY); Brasilien (KINGSLEY).

Unterfamilie: *Domoeciinae*.

Gattung: *Domoecia* EYDOUX et SOULEYET.

1. *Domoecia hispida* EYDOUX et SOULEYET.

*EYDOUX et SOULEYET, Voy. Bonite Crust., 1852, p. 235, tab. 2, fig. 4.
DANA, U. S. Expl. Exp., 1852, p. 251.

---

1) BENEDICT u. RATHBUN (in: Proceed. U. S. Nation. Mus., vol. 14, 1891) wollen diese Gattung mit *Panopaeus* vereinigen.

JACQUINOT et LUCAS, Voy. Pole Sud, Crust., T. 3, 1853, p. 50, tab. 4, fig. 3.
A. MILNE-EDWARDS, in: Nouv. Arch. Mus. Paris, T. 9, 1873, p. 263.
A. MILNE-EDWARDS, in: Miss. Mexique, 1881, p. 345, tab. 58, fig. 2.
DE MAN, in: Arch. f. Naturg., Jg. 53, Bd. 1, 1887, p. 326.

a) 2 ♂, 3 ♀, Liu-Kiu-Ins., Amami Oshima. — DÖDERLEIN (coll.) 1880 (Sp.).
b) 2 ♂, 2 ♀, Samoa-Ins., Upolu. — Mus. GODEFFROY (vend.) 1888 (Sp.).

Verbreitung: Java: Ins. Noordwachter (DE MAN); Neu-Caledonien (A. M.-E.); Tahiti (DANA); Sandwich-Ins. (EYD. SOUL.).
Guadeloupe (DESBONNE); St. Thomas (STPS.); Florida und Cuba (STPS.) [1]).

Unterfamilie: *Eriphiinae*.

Gattung: ***Rüppellia*** MILNE-EDWARDS.

Rüppellia annulipes MILNE-EDWARDS.

Rüppellia annulipes MILNE-EDWARDS, H. N. Cr., T. 1, 1834, p. 422.
DANA, U. S. Expl. Exp., 1852, p. 246, tab. 14, fig. 4.
HASWELL, Catal. Austral. Crust., 1882, p. 73.
* *Eurüppellia annulipes* (M.-E.) MIERS, Rep. Zool. Coll. Alert, 1884, p. 533.
DE MAN, in: Arch. f. Naturg., Jg. 53, Bd. 1, 1887, p. 293, tab. 11, fig. 4.

a) 1 ♂, 1 ♀, Fidji-Ius. — Mus. GODEFFROY (vend.) 1874 (tr.).
b) 1 ♂, 2 ♀, Samoa-Ins. — Mus. GODEFFROY (vend.) 1888 (Sp.).

Verbreitung: Seychellen (DE MAN); Java: Ins. Noordwachter (DE MAN); Liu-Kiu-Ins. (STIMPSON); Amboina (DE MAN); Louisiade-Arch. (HASWELL); Fidji-Ins. (DE MAN); Kingsmill-Ins. (DANA); Tahiti (DANA).

Gattung: *Eriphia* LATREILLE.

1. *Eriphia spinifrons* (HERBST).

MILNE-EDWARDS, H. N. Cr., T. 1, 1834, p. 426.
MILNE-EDWARDS, Atlas CUVIER Regn. anim., 1849, tab. 14, fig. 1.
HELLER, Crust. südl. Europ., 1863, p. 75, tab. 2, fig. 9.
CARUS, Prodrom. faun. medit., 1884, p. 514.
CZERNIAVSKY, Crust. Decap. Pontic., 1884, p. 193.
BARROIS, Catal. Crust. Açores, 1888, p. 12.

a) 2 ♀, Marseille. — (tr.).
b) 1 ♂, französische Küsten. — Mus. Paris (ded.) 1829 (tr.).

---

1) Letztere Angaben finde ich bei A. MILNE-EDWARDS (l. c. 1881).

c) 3 ♀, Toulon. — ACKERMANN (coll.) 1836 (Sp.).
d) 1 ♂, 1 ♀, Algier. — DÜRR (coll.) 1849 (Sp.).
e) 1 ♀, Nizza. — MERCK (coll.) 1867 (tr.).
f) 1 ♀, Messina. — O. SCHMIDT (coll.) U. S. (tr.).

Verbreitung: Mittelmeer (M.-E., HELLER, CARUS); Adria (HELLER, STOSSICH); Schwarzes Meer (HELLER, CZERNIAVSKY); Madeira (STIMPSON); Azoren (BARROIS).

2. *Eriphia gonagra* (FABRICIUS).

MILNE-EDWARDS, H. N. Cr., T. 1, 1834, p. 426, tab. 16, fig. 16. 17.
DANA, U. S. Expl. Exp., 1852, p. 250.
SMITH, in: Trans. Connect. Acad., vol. 2, 1, 1870, p. 7.
v. MARTENS, in: Arch. f. Naturg., Jg. 38, Bd. 1, 1873, p. 92.
A. MILNE-EDWARDS, in: Miss. Mexique, 1881, p. 338, tab. 56, fig. 4.
MIERS, Chall. Brach., 1886, p. 163.

a) 1 ♂, Brasilien. — (Sp.).
b) 1 ♂, Brasilien, Blumenau. — G. SCHNEIDER (vend.) 1888 (tr.).
c) 2 ♂, 1 ♀, Haiti. — v. MALTZAN (vend.) 1889 (Sp.).

Verbreitung: Carolina (v. MART.); Florida (KINGSLEY): Key West (GIBBES, v. MART.); Bermuda-Ins. (Chall.); Bahama-Ins. (KINGSLEY); Cuba (v. MART.); Jamaica (FABR.); Barbados (PETIVES); Aspinwall (KINGSLEY); Brasilien: Abrolhos (SMITH), Rio Janeiro (DANA, HELL., v. MART., CUNNINGHAM).

3. *Eriphia scabricula* DANA.

E. gonagra KRAUSS, Südafrik. Crust., 1843, p. 36.
E. scabricula DANA, U. S. Expl. Exp., 1852, p. 247, tab. 14, fig. 5.
A. MILNE-EDWARDS, in: Nouv. Arch. Mus. Paris, T. 9, 1873, p. 256.
HILGENDORF, in: Mon.-Ber. Ak. Wiss. Berlin, 1878, p. 798.
RICHTERS, Meeresf. Maur. Seych., 1880, p. 151.
DE MAN, in: Not. Leyd. Mus., vol. 12, 1890, p. 66.

a) 1 ♂, Liu-Kiu-Ins., Amami Oshima. — DÖDERLEIN (coll.) 1880 (Sp.).
b) 1 ♂, 1 ♀, Samoa-Ins. — Mus. GODEFFROY (vend.) 1888 (Sp.).

Verbreitung: Mozambique (HLGDF.); Natal (KRAUSS); Madagascar: Nossi Bé (LENZ u. RICHT.); Mauritius (A. M.-E., RICHTERS); Liu-Kiu-Ins. (STIMPSON); Sulu-See (DANA); Neu-Caledonien (A. M.-E.); Fidji-Ins. (DANA); Tahiti (DANA).

4. *Eriphia laevimana* LATREILLE.

Eriphia laevimana MILNE-EDWARDS, H. N. Cr., T. 1, 1834, p. 427.
DANA, U. S. Expl. Exp., 1852, p. 249, tab. 14, fig. 7.

E. trapeziformis HESS, Decap. Krebse Ost-Austral., 1865, p. 9, tab. 6, fig. 4.
E. laevimana LATR., HILGENDORF, in: v. D. DECKEN's Reise, Bd. 3, 1, 1869, p. 75.
A. MILNE-EDWARDS, in: Nouv. Arch. Mus. Paris, T. 9, 1873, p. 255.
HASWELL, Catal. Austral. Crust., 1882, p. 75.
DE MAN, in: Arch. f. Naturg., Jg. 53, Bd. 1, 1887, p. 327.
E. trapeziformis HSS., DE MAN, in: Zool. Jahrb., Bd. 2, 1887, p. 695.
E. laevimana LATR., DE MAN, in: Journ. Linn. Soc. Zool., vol. 22, 1888, p. 68.

a) 1 ♂, ohne Fundort. — (Sp.).
b) 1 ♀, ohne Fundort. — 1847 (tr.).
c) 1 ♀, Mauritius. — G. SCHNEIDER (vend.) 1888 (tr.).
d) 3 ♀, Samoa-Ins. — Mus. GODEFFROY (vend.) 1888 (Sp.).
e) 2 ♀, Neu-Guinea, Kais. Wilhelms-Land. — Linnaea (vend.) 1891 (tr.).

Verbreitung: Mozambique (HLGDF.); Mauritius (M.-E., RICHT.); Ceylon: Trincomali (MÜLL.); Nicobaren (HELL.); Mergui-Ins. (DE MAN); Java: Ins. Noordwachter (DE MAN); Liu-Kiu-Ins. (STIMPS.); Philippinen (HLGDF.); Flores (THALLW.); Port Darwin (HASWELL); Port Denison (HASWELL); Neu-Caledonien (A. M.-E.); Fidji-Ins. (DANA, HESS, A. M.-E.); Samoa-Ins. (DANA); Gesellschafts-Ins. (DANA); Paumotu-Ins. (DANA).

var. *smithi*: Mozambique (HLGDF.); Natal (SMITH); Mauritius (HLGDF.); Singapur (DANA); Java: Ins. Edam und Noordwachter (DE MAN); Hongkong (STPS.); Neu-Guinea (MIERS); Tonga-Ins. (HLGDF.).

Familie: *Trapeziidae nov. fam.*
Hierher: *Trapezia, Tetralia, Quadrella*, cf. DANA, 1852, p. 230.

Gattung: ***Trapezia*** LATREILLE.

1. *Trapezia cymodoce* (HERBST).

Die Synonymie der Trapezien mit einfarbigem Cephalothorax ist sehr verwirrt. MIERS (Chall., 1886, p. 165) unterscheidet zwei Gruppen:

1) Scheerenfüsse mit oben etwas gekielter Hand, aussen haarig. Seitenzahn des Cephalothorax spitz. Als Typus nennt er *Tr. cymodoce*, die identisch sein soll mit *ferruginea* LATR.

2) Scheerenfüsse mit oben gerundeter Hand, aussen glatt. Seitenzähne stumpf. Typus: *Tr. coerulea* RÜPP.

DE MAN (in: Not. Leyd. Mus., vol. 2, 1880, p. 177 f.) nimmt zwei Arten an, die den beiden Gruppen bei MIERS entsprechen, und nennt die erste *cymodoce* (HBST.), die identisch sein soll mit *coerulea* RÜPP., die zweite *ferruginea* LATR.

Mir liegen Formen vor, die diesen beiden Typen entsprechen, ausserdem aber eine Anzahl andere, die Uebergänge darstellen, nämlich solche, die einen spitzen Seitenzahn zeigen, aber unbehaarte Hände mit gerundetem oder etwas gekieltem Oberrand. Aus diesem Grunde sehe ich mich genöthigt, alle Trapezien mit einfarbigem Cephalothorax unter dem Namen *Tr. cymodoce* (HBST.) zusammenzufassen, und bezeichne diejenigen, die der *cymodoce* bei DE MAN entsprechen, als *cymodoce typica*, diejenigen, die der *ferruginea* DE MAN'S entsprechen, als *Tr. cymodoce var. ferruginea*, und die Mittelformen, da ihnen die *Tr. dentata* bei DANA entspricht, als *Tr. cymodoce var. dentata*.

Variationen kommen ferner vor in der Ausbildung der innern Carpalecke der Scheerenfüsse. Die typ. *cymodoce* wie die *ferruginea* sollen dort nur einen stumpfen Zahn haben, bei *dentata* DANA findet sich dort ein spitzer Zahn. Nach DE MAN (in: Arch. f. Naturg., Jg. 53, Bd. 1, 1887, p. 316) wechselt dieses Merkmal mit dem Alter.

var. typica.

Tr. dentifrons LATR., MILNE-EDWARDS, H. N. Cr., T. 1, 1834, p. 429 (sec. MIERS).
Tr. hirtipes JACQUINOT et LUCAS, Voy. Pole Sud, Zool., T. 3, Crust., 1853, p. 44, tab. 4, fig. 14.
Tr. coerulea RÜPP., HELLER, in: Sitz.-Ber. Akad. Wiss. Wien, Bd. 43, 1, 1861, p. 348.
Tr. cymodoce (HBST.) HELLER, ibid., p. 352.
Tr. coerulea RPP., HELLER, Crust. Novara, 1865, p. 25.
Tr. dentata A. MILNE-EDWARDS, in: Nouv. Arch. Mus. Paris, T. 9, 1873, p. 261.
Tr. cymodoce (HBST.) MIERS, in: Ann. Mag. N. H. (5), vol. 2, 1878, p. 409.
DE MAN, in: Not. Leyd. Mus., vol. 2, 1880, p. 177
HASWELL, Catal. Austral. Crust., 1882, p. 76.
MIERS, Chall. Brach., 1886, p. 166.
DE MAN, in: Arch. f. Naturg., Jg. 53, Bd. 1, 1887, p. 316.
DE MAN, in: Journ. Linn. Soc. Zool., vol. 22, 1888, p. 69.

a) 2 ♀, ohne Fundort. — (Sp.).
b) 3 ♂, 3 ♀, Liu-Kiu-Ins., Amami Oshima. — DÖDERLEIN (coll.) 1880 (Sp.).
c) 3 ♂, 4 ♀, Malediven, Malé Atoll. — G. SCHNEIDER (vend.) 1888 (Sp.).
d) 1 ♂, 1 ♀, Neu-Guinea, Kais. Wilhelms-Land. — Linnaea (vend.) 1891 (tr.).

Verbreitung: Rothes Meer (HELLER): Suez (MIERS), Daedalus (MIERS), Djiddah (DE MAN); Zanzibar (PFEFFER); Ceylon (MIERS); Nicobaren (HELLER); Mergui-Ins. (DE MAN); Singapur (WALKER); Java: Ins. Edam (DE MAN); Philippinen (Chall., MIERS); Amboina (DE MAN, MIERS); Manipa (DE MAN); Sula Besi (DE MAN); Port Denison und Claremont-Ins. (HASWELL); Neu-Caledonien (A. M.-E.); Fidji-Ins. (MIERS); Tongatabu (Chall.); Marquesas (JACQ. LUC.).

var. dentata DANA.

Tr. dentata DANA, U. S. Expl. Exp., 1852, p. 258, tab. 15, fig. 6. 7.
Tr. ferruginea DANA, ibid., p. 260, tab. 16, fig. 1.
Tr. miniata JACQUINOT et LUCAS, Voy. Pole Sud, Zool., T. 3, Crust., 1853, p. 43, tab. 4, fig. 10.

a) 1 ♂, Samoa-Ins., Upolu. — Mus. Bremen (ded.) 1886 (Sp.).
b) 2 ♂, 2 ♀, Samoa-Ins., Upolu. — Mus. GODEFFROY (vend.) 1888 (Sp.).
c) 1 ♂, Palau-Ins. — PÖHL (vend.) 1890 (Sp.).

Verbreitung: Sulu-See (DANA); Fidji-Ins. (DANA); Tongatabu (DANA); Samoa: Upolu (DANA); Tahiti (DANA); Paumotu-Ins. (DANA); Marquesas (JACQ. LUC.).

var. ferruginea LATREILLE.

Tr. cymodoce DANA, U. S. Expl. Exp., 1852, p. 257, tab. 15, fig. 5.
Tr. subdentata GERSTÄCKER, in: Arch. f. Naturg., Jg. 22, Bd. 1, 1856, p. 127.
Tr. ferruginea LATR., HELLER, in: Sitz.-Ber. Ak. Wiss. Wien, Bd. 43, 1, 1861, p. 349, tab. 4, fig. 40.
Tr. cymodoce A. MILNE-EDWARDS, in: Nouv. Arch. Mus. Paris, T. 9, 1873, p. 260.
Tr. ferruginea LATR., MIERS, in: Annal. Mag. N. H. (5), vol. 2, 1878, p. 407.
DE MAN, in: Not. Leyd. Mus., vol. 2, 1880, p. 178.
Tr. cymodoce A. MILNE-EDWARDS, in: Miss. Mexique, 1881, p. 342.

Hierher wohl auch die als *Tr. cymodoce* abgebildeten Exemplare von HILGENDORF, in: v. D. DECKEN's Reisen, 1869, tab. 2, fig. 4. 5.

a) 1 ♂, 3 ♀, Samoa-Ins., Upolu. — Mus. GODEFFROY (vend.) 1888 (Sp.).

Verbreitung: Rothes Meer (GERSTÄCKER, HELLER): Golf v. Akaba (MIERS), Djiddah (DE MAN), Golf v. Suez (MIERS), Daedalus (MIERS); Mauritius (MIERS); Neu-Caledonien (A. M.-E.); Samoa-Ins. (MIERS); Tahiti (DANA); Sandwich-Ins. (DANA); Panamabai: Perl-Ins. (A. M.-E.).

VII.

2. *Trapezia guttata* Rüppell.

Rüppell, 24 Art. Krabb. Roth. Meer, 1830, p. 27.
Heller, in: Sitz.-Ber. Ak. Wiss. Wien, Bd. 43, 1, 1861, p. 351.
Heller, Crust. Novara, 1865, p. 25.
de Man, in: Not. Leyd. Mus., vol. 2, 1880, p. 176.
Miers, Chall. Brach., 1886, p. 166, tab. 12, fig. 1.
de Man, in: Not. Leyd. Mus., vol. 12, 1890, p. 64.

a) Viele Ex., Liu-Kiu-Ins., Amami Oshima. — Döderlein (coll.) 1880 (Sp.).

Verbreitung: Rothes Meer (Rüpp., Hell.): Djiddah (de Man); Seychellen (Richters); Fidji-Ins. (Chall.); Samoa-Ins. (de Man); Tahiti (Hell.).

3. *Trapezia rufopunctata* (Herbst).

Tr. *rufopunctata* (Hbst.) Dana, U. S. Expl. Exp., 1852, p. 255, tab. 15, fig. 3.
Jacquinot et Lucas, Voy. Pole Sud, Zool., T. 3, Crust., 1853, p. 41, tab. 4, fig. 8.
Gerstäcker, in: Arch. f. Naturg., Jg. 22, Bd. 1, 1856, p. 123.
Tr. *acutifrons* A. Milne-Edwards, in: Annal. Soc. Entomol. France (4), T. 7, 1867, p. 281.
Tr. *rufopunctata* (H.) A. Milne-Edwards, in: Nouv. Arch. Mus. Paris, T. 9, 1873, p. 258 (typ. + var. *maculata*).
A. Milne-Edwards, in: Miss. Mexique, 1881, p. 342.
Miers, Chall. Brach., 1886, p. 167.
de Man, in: Arch. f. Naturg., Jg. 53, Bd. 1, 1887, p. 318, tab. 13, fig. 1.

a) 1 ♂, 1 ♀, Samoa-Ins., Upolu. — Mus. Godeffroy (vend.) 1888 (Sp.).

Verbreitung: Java: Ins. Edam (de Man); Philippinen: Samboangan (Chall.); Neu-Caledonien (A. M.-E.); Tahiti (Dana); Marquesas (Jacq. Luc.); Sandwich-Ins. (A. M.-E.); West-Mexico: Socoro-Ins. (A. M.-E.).

var. *maculata* Macleay.

Tr. *maculata* M., Dana, U. S. Expl. Exp., 1852, p. 256, tab. 15, fig. 4.
Tr. *rufopunctata* Heller, in: Sitz.-Ber. Ak. Wiss. Wien, Bd. 43, 1, 1861, p. 350.
Hilgendorf, in: v. d. Decken's Reisen, Bd. 3, 1869, p. 75, tab. 2, fig. 3.
de Man, in: Not. Leyd. Mus., vol. 2, 1880, p. 176.
Tr. sp.? Richters, Meeresf. Maur. Seych., 1880, p. 152, tab. 16, fig. 13.
Tr. *maculata* M., de Man, in: Arch. f. Naturg., Jg. 53, Bd. 1, 1887, p. 319, tab. 13, fig. 2.

a) 1 ♀, Samoa-Ins., Upolu.— Mus. Godeffroy (vend.) 1888 (Sp.).
b) 1 ♂, 1 ♀, Tahiti. — Mus. Godeffroy (vend.) 1888 (Sp.).

Verbreitung: Rothes Meer (HELL.): Djiddah (DE MAN); Zanzibar (HLGDF.); Mauritius (RICHT.); Neu-Caledonien (A. M.-E.); Tahiti (DANA); Sandwich-Ins. (DANA, STPS.).

4. *Trapezia areolata* DANA.

Tr. areolata DANA, U. S. Expl. Exp., 1852, p. 259, tab. 15, fig. 8. 9.
Tr. reticulata STIMPSON, in: Proceed. Acad. N. Sc. Philadelphia, 1858, p. 37.
Tr. areolata DAN., HELLER, Crust. Novara, 1865, p. 25.
Tr. areolata var. *inermis* A. MILNE-EDWARDS, in: Nouv. Arch. Mus. Paris, T. 9, 1873, p. 259, tab. 10, fig. 6.
MIERS, Chall., 1886, p. 167.
DE MAN, in: Arch. f. Naturg., Jg. 53, Bd. 1, 1887, p. 317.

a) 1 ♂, 2 ♀, Samoa-Ins., Upolu. — Mus. GODEFFROY (vend.) 1888 (Sp.).

b) 1 ♂, 1 ♀, Tahiti. — Mus. GODEFFROY (vend.) 1888 (Sp.).

c) 1 ♀, Palau-Ins. — PÖHL (vend.) 1890 (Sp.).

d) 1 ♀, Neu-Guinea, Kais. Wilhelms-Land. — Linnaea (vend.) 1891 (tr.).

Verbreitung: Nicobaren (HELLER); Java: Ins. Edam (DE MAN); Sulu-See (DANA); Liu-Kiu-Ins. (STPS.); Neu-Caledonien (A. M.-E.); Fidji-Ins. (Chall.); Tahiti (DANA).

5. *Trapezia flavopunctata* EYDOUX et SOULEYET.

*Tr. *flavopunctata* EYDOUX et SOULEYET, Voy. Bonite, T. 1, p. 230, tab. 2, fig. 3.
Tr. latifrons A. MILNE-EDWARDS, in: Ann. Soc. Entom. France (4), T. 7, 1867, p. 281.
A. MILNE-EDWARDS, in: Nouv. Arch. Mus. Paris, T. 9, 1873, p. 259, tab. 10, fig. 7.
Tr. flavopunctata E. S., MIERS, in: Proceed. Zool. Soc. London, 1884, p. 11.
MIERS, Chall. Brach., 1886, p. 166.
DE MAN, in: Not. Leyd. Mus., vol. 12, 1890, p. 65.

a) 3 ♂, 2 ♀, Tahiti. — Mus. GODEFFROY (vend.) 1888 (Sp.).

Verbreitung: Mauritius (MIERS); Neu-Caledonien (A. M.-E.); Tahiti (DE MAN); Sandwich-Ins. (A. M.-E.).

Gattung: *Tetralia* DANA.

1. *Tetralia glaberrima* (HERBST).

Trapezia glaberrima (H.) KRAUSS, Südafrik. Crust., 1843, p. 35.
Tetralia glaberrima (H.) DANA, U. S. Expl. Exp., 1852, p. 263, tab. 16, fig. 3.

Tetralia armata DANA, ibid., p. 264, tab. 16, fig. 4.
Trapezia serratifrons JACQUINOT et LUCAS, Voy. Pole Sud, Zool., T. 3, 1853, p. 47, tab. 4, fig. 20.
Tetralia cavimana HELLER, in: Sitz.-Ber. Ak. Wiss. Wien, Bd. 43, 1, 1861, p. 353, tab. 3, fig. 24. 25.
HELLER, Crust. Novara, 1865, p. 26.
Tetralia glaberrima (H.) A. MILNE-EDWARDS, in: Nouv. Arch. Mus. Paris, T. 9, 1873, p. 262.
T. cavimana HLL., DE MAN, in: Not. Leyd. Mus., vol. 2, 1880, p. 180.
T. glaberrima (H.) DE MAN, in: Arch. f. Naturg., Jg. 53, Bd. 1, 1887, p. 321.

Meine Exemplare von den Liu-Kiu-Ins. zeigen vielfach das schwarze Stirnband der *T. nigrifrons*, die schwarze Färbung erstreckt sich bisweilen weiter über Cephalothorax und Beine. Eines der letztern Exemplare nähert sich durch klaffende Scheerenfinger der *T. laevissima* STIMPSON (in: Proc. Acad. Philadelphia, 1858, p. 38). Die jüngsten Exemplare zeigen feine Dörnchen an den Seitenrändern (*armata* DANA).

T. nigrifrons gehört nach HILGENDORF (in: Mon.-Ber. Ak. Berlin, 1878, p. 798) als var. zu *glaberrima*. Ich bin geneigt, mich dieser Ansicht anzuschliessen.

a) Viele Ex., Liu-Kiu-Ins., Amami Oshima. — DÖDERLEIN (coll.) 1880 (Sp.).

b) 1 ♂, 1 ♀, Tahiti. — Mus. GODEFFROY (vend.) 1888 (Sp.).

Verbreitung: Rothes Meer (HELL.): Djiddah (DE MAN); Zanzibar (PFEFFER); Natal (KRAUSS); Madagascar: Nossi Bé (LENZ u. RICHT.); Java: Ins. Edam und Noordwachter (DE MAN); Hongkong (STPS.); Neu-Caledonien (A. M.-E.); Tongatabu (DANA); Tahiti (DANA, HELL.); Paumotu-Ins. (DANA); Marquesas (JACQ. et LUC.).

Familie: *Telphusidae* DANA.

Unterfamilie: *Telphusinae nov.*

Merus der 2. Gnathopoden viereckig, Carpus an der innern vordern Ecke des Merus eingelenkt. Ecphyse gut entwickelt. Gatt. *Paratelphusa* und *Telphusa* [1]).

---

[1]) Vergl. MILNE-EDWARDS, in: Annal. Sc. Nat. (3), Zool., T. 20, 1853.

Unterfamilie: *Trichodactylinae* nov.

Merus der 2. Gnathopoden schmal, innen schräg abgestutzt, daher spitz zulaufend. Carpus innen, dicht vor der Spitze eingelenkt. Ecphyse gut entwickelt.

Unterfamilie: *Pseudotelphusinae* nov. (= *Bosciacea* M.-E.).

Merus der 2. Gnathopoden breit, nach oben breit gerundet. Carpus in der Mitte des obern Randes eingelenkt. Ecphyse kurz, ohne Geissel.

Unterfamilie: *Telphusinae*.

Gattung: ***Paratelphusa*** MILNE-EDWARDS.

1. *Paratelphusa salangensis* n. sp.

Diese Art steht am nächsten der *P. sinensis* M.-E. (in: Arch. Mus. Paris, T. 7, 1854—55, p. 173, tab. 13, fig. 2) und der *P. martensi* WOOD-MASON (in: Ann. Mag. N. H. (4), vol. 17, 1876, p. 122), unterscheidet sich jedoch von der erstern:

1) durch das Fehlen der Stacheln am distalen Ende der Meren der Pereiopoden;

2) durch das Abdomen des ♂, welches ein rechteckiges sechstes Glied besitzt, das an der Basis nicht eingeschnürt ist;

Von der *P. martensi* unterscheiden sie sich:

1) durch ziemlich gleichgrosse Epibranchialzähne, die denen von *sinensis* ähneln;

2) durch das Abdomen des ♂, dessen Ränder von der Basis des 3. bis zur Spitze des 5. Segmentes convergiren und dann parallel laufen.

Von beiden Arten unterscheidet sich die neue Art durch die starke Reduction der seitlichen Teile der Postfrontalkante: die beiden mittlern, auf der Gastralregion gelegenen Theile derselben sind gut ausgebildet, von den Seitentheilen ist keine Spur zu erkennen.

Im Uebrigen (Anzahl der Epibranchialzähne, allgemeine Körpergestalt, Grösse und Bildung der Scheeren) stimmt sie mit *P. sinensis* in der Abbildung bei MILNE-EDWARDS überein.

a) 1 ♂, Insel Salanga. — Linnaea (vend.) 1885 (Sp.).

2. *Paratelphusa tridentata* MILNE-EDWARDS.

MILNE-EDWARDS, in: Annal. Sc. Nat. (3), Zool., T. 20, 1853, p. 213.
MILNE-EDWARDS, in: Arch. Mus. Paris, T. 7, 1854—55, p. 171, tab. 13, fig. 1.

HELLER, Crust. Novara, 1865, p. 34.
v. MARTENS, in: Arch. f. Naturg., 1868, p. 18—22.
WOOD-MASON, in: Ann. Mag. N. H. (4), vol. 17, 1876, p. 121. 122.
DE MAN, in: Not. Leyd. Mus., vol. 1, 1879, p. 61, und in: WEBER's Reise, 1892, p. 302.

Die drei kleinern meiner Exemplare zeigen auf den Meren der Gehfüsse einen scharfen Stachel, das grösste ebenda nur eine schwach vorspringende Ecke.

a) 4 ♂, Süd-Java, 1500' Meereshöhe. — FRUHSTORFER (coll.) 1891 (Sp.).

Verbreitung: Sumatra: Lahat (v. MART.); Java (HELL., DE MAN): Surabaya (v. MART.); Borneo: Sinkawang (v. MART.); Timor Bavian-Ins., Solor-Ins. (DE MAN).

Gattung: *Telphusa* LATREILLE.

1. *Telphusa fluviatilis* (RONDELET).

MILNE-EDWARDS, H. N. Cr., T. 2, 1837, p. 12.
MILNE-EDWARDS, Atlas CUVIER Regn. anim., 1849, tab. 15, fig. 1.
MILNE-EDWARDS, in: Annal. Sc. Nat. (3), Zool., T. 20, 1853, p. 211.
HELLER, Crust. südl. Europ., 1863, p. 97, tab. 3, fig. 1. 2.
A. MILNE-EDWARDS, in: Nouv. Arch. Mus. Paris, T. 5, 1869, p. 164.
A. WALTER, in: Zool. Jahrb., Bd. 4, 1889, p. 1119.

a) 3 ♂, 4 ♀, ohne Fundort. — (Sp.).
b) 6 ♂, 2 ♀, Oran. — ROZET (coll.). 1831 (tr. u. Sp.).
c) 1 ♂, Algier. — ZILL (coll.) 1848 (tr.).
d) 1 ♂, Syracus. — GRAFF (coll.) U. S. (tr.).
e) 1 ♂, Neapel. — GÖTTE (coll.) U. S. (Sp.).

Verbreitung: Süd-Italien (M.-E.); Griechenland (M.-E., A. M.-E.); Türkei (HELL., A. M.-E.); Krim (A. M.-E.)[1]); Turkmenien (WALTER); Syrien (M.-E., A. M.-E.); Egypten (M.-E., A. M.-E.); Cypern (HELL.); Algier (A. M.-E.); Kabylie (A. M.-E.).

2. *Telphusa denticulata* MILNE-EDWARDS.

MILNE-EDWARDS, in: Annal. Sc. Nat. (3), Zool., T. 20, 1853, p. 211.
A. MILNE-EDWARDS, in: Nouv. Arch. Mus. Paris, T. 5, 1869, p. 167, tab. 10, fig. 3.

Ich erkenne mein Exemplar als zu dieser Art gehörig, da der Rand zwischen der äussern Orbitaecke und dem Epibranchialzahn

---

1) Exemplare aus der Krim, dem Kaukasus und aus Persien bilden nach CZERNIAVSKY (Crust. Decap. Pontic., 1884, p. 148) die *T. intermedia*, welche zu *T. denticulata* überleitet.

deutlich granulirt ist. Mein Exemplar entspricht völlig der kurzen Diagnose bei dem ältern MILNE-EDWARDS, von der Beschreibung bei A. MILNE-EDWARDS weicht sie durch die in den Seitentheilen deutlichere Postfrontalkante ab, die jedoch schwächer ist als bei *T. fluviatilis*. Die vordern Branchialgegenden und die Scheerenfüsse sind kaum etwas rauh.

Uebrigens ist die von A. MILNE-EDWARDS gegebene Tabelle zum Bestimmen völlig unbrauchbar, da sie eine ganze Reihe Widersprüche enthält. Die Postfrontalkante bei dieser Art z. B. wird auf drei verschiedene Weisen geschildert: „crête postfrontale interrompue et peu marquée" (p. 167 im Text); „crêtes postfrontales bien marquées" (in der Tabelle); „crête protogastrique externe très effacée" (ebenda). Was da das Richtige sein soll, ist mir völlig unerfindlich.

Bei meinem Exemplar sind die mittlern Theile der Postfrontalkante rundlich, ganz wenig rauh und ragen nur wenig weiter nach vorn als die Seitentheile. Diese letztern bilden eine deutliche Kante, welche nach aussen zu deutlich granulirt (resp. gezähnt ist). Im Uebrigen (Körperumriss) stimmt mein Exemplar mit der Abbildung bei A. MILNE-EDWARDS.

a) 1 ♂, ohne Fundort. — 1844 (tr.).

Verbreitung: China (M.-E.): Blauer Fluss (A. M.-E.).

3. *Telphusa leschenaulti* MILNE-EDWARDS.

T. leschenaudii MILNE-EDWARDS, H. N. Cr., T. 2, 1837, p. 13.
T. leschenaulti MILNE-EDWARDS, in: Annal. Sc. Nat. (3), T. 20, 1853, p. 211.
? *T. aurantia* (HERBST) GERSTÄCKER, in: Arch. f. Naturg., Jg. 22, Bd. 1, 1856, p. 151.
T. leschenaudii M.-E., HELLER, Crust. Novara, 1865, p. 32.
T. leschenaulti M.-E., A. MILNE-EDWARDS, in: Nouv. Arch. Mus. Paris, T. 5, 1869, p. 65, tab. 8, fig. 3.

a) 1 ♂, 1 ♀, Ceylon. — G. SCHNEIDER (vend.) 1888 (Sp.).
b) 1 ♀, Ceylon. — SCHLÜTER (vend.) 1892 (Sp.).

Verbreitung: Mauritius (A. M.-E.); Pondichéry (M.-E.); Malabar (M.-E.); Madras (HELL.); Ceylon (HELL., MÜLL.); Nicobaren (HELL.); Tahiti (HELL.).

Telphusa (Potamonautes) perlata MILNE-EDWARDS.

T. perlata MILNE-EDWARDS, H. N. Cr., T. 2, 1837, p. 13.
KRAUSS, Südafrik. Crust., 1843, p. 37.
MILNE-EDWARDS, in: Annal. Sc. Nat. (3), Zool., T. 20, 1853, p. 209.
HELLER, Crust. Novara, 1865, p. 31.

VII.

A. MILNE-EDWARDS, in: Nouv. Arch. Mus., Paris, T. 5, 1869, p. 179.
T. (Potamonautes) perlata M.-E., MIERS, Chall. Brach., 1886, p. 215.
PFEFFER, in: Jahrb. Hamburg. Wiss. Anst., Bd. 6, 1889, p. 33.
  a) 1 ♂, Capland. — KRAUSS (coll.) 1842 (tr.).
  Verbreitung: Capland (M.-E., KRAUSS, HELL., A. M.-E.): Constantia (STIMPSON), Wellington u. Capstadt (Chall.), Chalkbay (STUDER); Natal (KRAUSS); Zanzibar u. Zanzibarküste (PFEFF.).

5. *Telphusa (Geotelphusa) transversa* v. MARTENS.

T. transversa v. MARTENS, in: Mon. Ber. Berlin, 1868, p. 609.
T. crassa A. MILNE-EDWARDS, in: Nouv. Arch. Mus. Paris, T. 5, 1869, p. 177, tab. 9, fig. 2.
G. transv. DE MAN, in: Not. Leyd. Mus., vol. 14, 1892, p. 241.
  a) 1 ♂, 1 ♀, Nord-Ost-Australien. — Mus. GODEFFROY (vend.) 1888 (Sp.).
  Verbreitung: Cap York (v. MART., A. M.-E.); Port Mackey (D. M.); Fidji-Ins. (D. M.).

6. *Telphusa (Geotelphusa) dehaani* WHITE.

T. berardi DE HAAN, Faun. japon., 1850, p. 52, tab. 6, fig. 2.
* *T. dehaanii* WHITE, List. Crust. Brit. Mus., 1847, p. 30.
MILNE-EDWARDS, in: Ann. Sc. Nat. (3), Zool., T. 20, p. 212.
Geotelphusa dehaanii (WH.) STIMPSON, in: Procced. Ac. N. Sc. Philadelphia, 1858, p. 101.
Telphusa dehaanii WH., A. MILNE-EDWARDS, in: Nouv. Arch. Mus. Paris, T. 5, 1869, p. 174.
T. (Geot.) deh. WH., MIERS, Chall. Brach., 1886, p. 215.
  a) 1 ♂, 1 ♀, 3 juv., Japan, Tokio. — DÖDERLEIN (coll.) 1880—81 (Sp. u. tr.).
  b) 3 ♂, 7 ♀, Japan, Enoshima. — DÖDERLEIN (coll.) 1880 (Sp.).
  c) 2 ♂, Japan, Tamba [1]). — DÖDERLEIN (coll.) 1880 (Sp.).
  Verbreitung: Japan (D. H.): Hakone, 2500' Meereshöhe (Chall., THALLWITZ), am Biwa-See (Chall.), Kobi (Chall.); Amakirrima (STPS.).

7. *Telphusa (Geotelphusa) kuhli* DE MAN.

in: Not. Leyd. Mus., vol. 5, 1883, p. 154.
in: WEBER, Zool. Ergebn. Reise in Niederl. Ind., Bd. 2, 1892, p. 288, tab. 15, fig. 3; tab. 16, fig. 3.
  a) 2 ♀, Süd-Java, 400 m Meereshöhe. — FRUHSTORFER (coll.) 1891 (Sp.).
  Verbreitung: Java (DE MAN): Tjibodas (D. M.).

---

1) Westlich vom Biwa-See.

Unterfamilie: *Trichodactylinae*.

Gattung: ***Dilocarcinus*** MILNE-EDWARDS.

in: Ann. Sc. Nat. (3), Zool., T. 20, 1853, p. 215.
in: Arch. Mus. Paris, T. 7, 1854—55, p. 178—180.
A. MILNE-EDWARDS, in: Annal. Soc. Entomol. France (4), T. 9, 1869, p. 170.

Der ältere MILNE-EDWARDS unterschied unter den Trichodactylacea, 1853, drei Gattungen: *Trichodactylus*, *Sylviocarcinus*, *Dilocarcinus* [1]), die er folgendermaassen unterscheidet:

Trichodactylus: Pattes ambulatoires grêles, à dactylopodites cylindracées, allongées et couvertes d'un duvet velouté court et épais.

Sylviocarcinus: Pattes postérieures comprimées, à dactylopodite étroit, mais sublamelleux et cilié sur les bords; les autres dactylopodites styliformes, grêles et quadrangulaires.

Dilocarcinus: Toutes les pattes ambulatoires comprimées et à dactylopodite lamelleux, cilié sur les bords.

Diese Unterschiede, die auch der jüngere MILNE-EDWARDS angiebt, können unmöglich genügen, worauf auch schon v. MARTENS (in: Arch. f. Naturg., Jg. 53, Bd. 1, 1869, p. 4) hinweist. Da mir von *Trichodactylus* kein Material vorliegt, so kann ich hier nur auf die beiden andern näher eingehen.

In dem Arch. Mus. Paris 1854—55 beschreibt MILNE-EDWARDS einige weitere Arten und giebt gelegentlich (p. 178) unter *Sylv. devillei* einen weitern Unterschied an: das Epistom soll sich bei *Sylviocarcinus* in der Mitte nach hinten auf den Gaumen als einfacher Kiel fortsetzen, bei *Dilocarcinus* soll dieser Kiel gefurcht sein, und ferner beschreibt er für *Dilocarcinus* eine Verwachsung der Abdomensegmente 3—6, sowohl bei ♂ als ♀, die bei *Sylviocarcinus devillei* nicht so zu beachten ist, wo nur das 4. und 5. Segment verwachsen sein sollen.

Diese beiden Merkmale würden wohl genügen, beide Gattungen zu trennen, wenn sie sich als constant mit einander verbunden erweisen sollten. Die drei mir vorliegenden Arten zeigen am Abdomen sämmtlich das 3. bis 6. Segment verwachsen (wenn auch die Nähte oft noch kenntlich sind): sie würden demnach alle zur Gattung *Dilocarcinus*

---

1) Ausserdem citirt er ***Valdivia*** WHITE (in: Proc. Zool. Soc., 1847, p. 85, und in: Ann. Mag. N. H., T. 20, 1847, p. 206), giebt aber die Diagnose falsch wieder.

gehören. Dagegen ist die mittlere Gaumenkante bei *Sylv. panoplus* und *Dil. margaritifrons* von *Sylviocarcinus*-Charakter, bei *Dil. cryptodus* aber von *Dilocarcinus*-Charakter. Ich muss demnach beide Gattungen vereinigen.

1. *Dilocarcinus panoplus* (v. MARTENS).

Sylviocarcinus panoplus v. MARTENS, in: Arch. f. Naturg., Jg. 53, Bd. 1, 1869, p. 3, tab. 1, fig. 1.
Dilocarcinus armatus A. MILNE-EDWARDS, in: Annal. Soc. Entomol. France (4), T. 9, 1869, p. 177.

a) 1 ♂, 2 ♀, Rio Grande do Sul, São Lourenzo. — G. SCHNEIDER (vend.) 1888 (Sp.).

Verbreitung: Süd-Brasilien: Porto Alegre, Rio Cadea und Sta. Cruz (v. MART.); Rio-Janeiro (A. M.-E.).

Dilocarcinus margaritifrons n. sp. (Taf. 17, Fig. 11).

Cephalothorax oben glatt, ohne Furchen, vorn ziemlich gewölbt, fast vierseitig. Seitenränder nur wenig gebogen, mit drei Zähnen hinter der äussern Orbitaecke. Die Zähne etwas an Grösse abnehmend, deutlich, aber stumpf, der hinterste etwas vor der Mitte des Seitenrandes stehend. Stirn etwas abschüssig, seicht ausgebuchtet, Rand mit grossen, perlartigen Körnern besetzt, die sich bis über die Augen fortsetzen, in der Mitte des obern Augenrandes aber schon zu kleinen Granulationen geworden sind. Unterer Augenhöhlenrand granulirt, nach innen mit einem kräftigen Dorn endigend.

Krallen der Gehfüsse sämmtlich deutlich comprimirt, die der hintersten am deutlichsten. Abdomen des ♂ mit der Abbildung 3e auf tab. 14 [1]) im Arch. Mus. Paris, T. 7, 1854—55, übereinstimmend. Kiel des Gaumens ohne Furche. Scheeren glatt, die rechte die stärkere, Arm ohne Zähne, Carpus mit dreieckigem Dorn am Innenrande.

Am ähnlichsten ist *Dil. pardalinus* GERSTÄCKER (in: Arch. f. Naturg., Jg. 22, Bd. 1, 1856, p. 148), auch die Färbung stimmt mit diesem überein, verschieden sind aber: die stumpfen Zähne des Seiten-

---

1) Auf der Tafel ist 3e angegeben, und es würde die Figur demnach zu *Dil. spinifer* gehören, wie auch im Text (p. 180) angegeben ist. In der Tafelerklärung wird sie fig. 2e genannt und auf *Dil. pictus* bezogen.

randes, die fehlenden Furchen des Cephalothorax und der perlartig gekörnte Stirnrand.

a) 1 ♂, Peru, Rio Ucayali. — REISS (coll.) 1874 (Sp.).

3. *Dilocarcinus cryptodus* n. sp.

Scheint dem *Dil. emarginatus* MILNE-EDWARDS (in: Ann. Sc. Nat. (3), Zool., T. 20, 1853, p. 216. — in: Arch. Mus. Paris, T. 7, 1854—55, tab. 14, fig. 4. — A. M.-E., in: Ann. Soc. Entomol. (4), T. 9, 1869, p. 176) sehr nahe zu stehen, unterscheidet sich jedoch von der citirten Abbildung durch die Zähne des Seitenrandes, die undeutlich und nur durch feine Kerben angedeutet sind. Dieselben sind in derselben Anzahl wie bei *emarginatus* vorhanden, nämlich 4 hinter der äussern Augenhöhlenecke. A. MILNE-EDWARDS giebt für *emarginatus* einen dornförmigen Höcker auf dem Oberrand der Hand über der Basis beweglichen Fingers an; ein solcher ist bei meinem Exemplar nicht zu beobachten.

Cephalothorax fast quer-oval, Seitenränder stark gebogen. Oberfläche von vorn nach hinten stark gewölbt, quer fast flach. Seitenränder hinter der äussern Orbitaecke mit 4 Zähnen, von denen nur die vordern gut sichtbar sind, aber auch diese sind ganz kurz, die hintern sind kaum zu erkennen. Stirnrand tief ausgebuchtet, wie der obere Augenhöhlenrand glatt, nicht granulirt. Unterer Augenhöhlenrand mit groben Körnern besetzt.

Krallen aller Gehfüsse deutlich comprimirt. Mittlere Gaumenkante mit schmaler Furche. 3. bis 6. Abdomenglied verwachsen, aber die Naht zwischen dem 3. und 4., sowie dem 5. und 6. noch kenntlich.

a) 1 ♂, Peru, Rio Ucayali. — REISS (coll.) 1874 (Sp.).

Unterfamilie: *Pseudotelphusinae*.

Gattung: *Pseudotelphusa* SAUSSURE
= *Boscia* MILNE-EDWARDS.

1. *Pseudotelphusa dentata* (LATREILLE).

Boscia dentata (LATR.) MILNE-EDWARDS, H. N. Cr., T. 2, 1837, p. 15, tab. 18, fig. 14—17.
Potamia dentata LATR., RANDALL, in: Journ. Acad. Philadelphia, vol. 8, 1839, p. 119.
Potamia chilensis M.-E., GAY, Histor. Chile Zool., T. 3, 1849, p. 150.

Boscia dentata (LATR.) MILNE-EDWARDS, in: Ann. Sc. Nat. (3), Zool., T. 20, 1853, p. 207.
B. chilensis MILNE-EDWARDS, ibid. p. 208.
B. denticulata MILNE-EDWARDS, ibid.
B. macropa MILNE-EDWARDS, ibid.
MILNE-EDWARDS, in: Arch. Mus. Paris, T. 7, 1854—55, p. 175, tab. 12, fig. 3.
B. dentata (LATR.) GERSTÄCKER, in: Arch. f. Naturg., Jg. 22, Bd. 1, 1856, p. 145.
Pseudotelphusa plana SMITH, in: Trans. Connect. Acad., vol. 2, 1, 1870, p. 147.
Boscia dentata (LATR.) THALLWITZ, in: Abh. Mus. Dresden, 1891, 3, p. 46.

Die vielen bisher beschriebenen *Boscia*-Arten vermag ich nicht scharf zu unterscheiden. Nur eine Form fällt mir auf, die sich durch die Stirnkanten auszeichnet: die obere derselben ist nämlich schwächer granulirt, der untern genähert und beschreibt einen Bogen, während dieselbe bei der typ. *dentata* ziemlich gerade verläuft und von der untern Kante weiter entfernt ist, auch stärkere Granulationen zeigt. Zu dieser Abweichung gehören von den beschriebenen Arten: *chilensis, denticulata, macropa, plana*.

Meine Exemplare a sind die typische *dentata*. Die Exemplare c bilden die *plana* SMITH. Sie würden zu *denticulata* M.-E. gehören, aber die obere Stirnkante ist in der Mitte unterbrochen, während MILNE-EDWARDS für *denticulata* angiebt: crête frontale supérieure unilobée. Bei jungen Exemplaren fehlt die obere Kante völlig. Das Exemplar b ist in der Granulirung der obern Stirnkante und der Bezahnung der Seitenränder typisch, der Verlauf der erstern ist intermediär zwischen a und b. Schon GERSTÄCKER ist geneigt, alle die beschriebenen Formen als Varietäten aufzufassen.

a) 1 ♂, 1 ♀, Süd-Amerika. — Mus. Paris (ded.) 1829 (tr.).
b) 1 ♂, Peru, Rio Ucayali. — REISS (coll.) 1874 (Sp.).
c) 21 ♂, 16 ♀, Ecuador, Ost-Cordilleren. — REISS (coll.) 1874 (Sp.).

Verbreitung: Süd-Amerika (M.-E.); Caracas (GERSTÄCKER); Guatemala (THALLWITZ); Antillen (M.-E.); Martinique (M.-E.).

B. chilensis wird von Chile (M.-E.) angegeben; *plana* von Peru: Paita (SMITH); *macropa* von Bolivia (M.-E.); *denticulata* von Cayenne (M.-E.). Hierher wohl auch Exemplare von Mexico (GERSTÄCKER).

Erklärung der Abbildungen.

Tafel 17.

Fig. 1. *Lambrus (Parthenopoides) pteromerus* nov. spec. $\frac{1}{1}$; Fig. 1a: Rostrum und anliegende Theile von unten, $\frac{2}{1}$.

Fig. 2. *Heterocrypta transitans* nov. spec. $\frac{1}{1}$; Fig. 2a: Cephalothorax von hinten gesehen, $\frac{1}{1}$.

Fig. 3. *Zebrida adamsi* WHITE, Rostrum und benachbarte Theile von unten, ca. $\frac{10}{1}$.

Fig. 4. *Cancer pygmaeus* nov. spec., Cephalothorax, $\frac{1}{1}$.

Fig. 5. *Cancer japonicus* nov. spec., Umriss des Cephalothorax, $\frac{1}{1}$; Fig. 5z: die beiden letzten Glieder des Abdomens vom ♂, $\frac{1}{1}$.

Fig. 6. *Platyxanthus orbignyi* (M.-E. et Luc.), Stirn, Orbita und Antennen von unten, $\frac{1}{1}$; Fig. 6i: zweiter Gnathopod, $\frac{1}{1}$.

Fig. 7. *Xantho bifrons* nov. spec., $\frac{1}{1}$.

Fig. 8. *Liomera cinctimana* (AD. et WH.), Orbita und Antennen, $\frac{2}{1}$.

Fig. 9. *Euxanthus melissa* (HBST.), Orbita und Antennen, $\frac{1}{1}$.

Fig. 10. *Carpilius convexus* (FORSK.), dritter Siagnopod (g), $\frac{1}{1}$.

Fig. 11. *Dilocarcinus margaritifrons* nov. sp., Umriss des Cephalothorax, $\frac{1}{1}$.

VII.